37
Lb. 2920.

DE LA NATVRE ET QVALITÉ DV PARLEMENT DE PARIS,

ET

Qu'il ne peut estre interdit ny transferé hors de la Capitale du Royaume, pour quelque cause ny pretexte que ce soit.

Curant contritionem Filiæ populi mei cum ignominia, dicentes, pax, pax; & non est pax. *Ierem. cap. 6. vers. 14.*

A PARIS,

Chez FRANÇOIS PREVVERAY, ruë saint Iacques, au Croissant d'argent, proche la porte.

M. DC. LII.

1654.

PIERRE DE BROVSSEL Conseiller du Roy en sa Cour de Parlement de Paris. Aagé de 74 ans.

DE LA NATVRE
ET QVALITÉ
DV PARLEMENT
DE PARIS.
ET
Qu'il ne peut estre interdit ny transferé hors de la Capitale du Royaume, pour quelque cause ny pretexte que ce soit.

SECTION I.

De l'Origine, establissement, progrés, puissance, grandeur & majesté du Parlement de Paris.

E n'est pas mon dessein de remplir ce discours de mille & mille recherches curieuses & necessaires qui pourroient se rapporter pour embellir le fond de cette Section, & prouuer que les Autheurs les plus sensez & les mieux receus, n'ont point espargné leurs loüanges non plus que la verité, quand ils ont dit & publié, que ce grand Senat estoit la gloire du monde, l'honneur de la France, & l'appuy de la Monarchie. Ie veux seulement par forme de maximes sommai-

res poser pour fondement, que dans la premiere Race de nos Rois les Francs s'assembloient tous les ans, sans que personne pust se dispenser de s'y trouuer, à moins que d'vne excuse tres-legitime; le Roy y tenoit le premier rang dessus vn Tribunal esleué par dessus les autres.

C'estoit dans cette assemblée que se faisoient les Loix, la police generale de l'Estat, les traittez de Paix, les declarations de la guerre, les alliances generales & particulieres, & en somme toutes les affaires les plus grandes & les plus importantes du Royaume. Tout se decidoit par la liberté des suffrages; tout le monde auoit part à la deliberation, parce que ceste Monarchie a esté fondé sur la liberté, n'y ayant point de gouuernement plus legitime ny plus naturel. Tacite qui estoit tesmoin de nostre ancienne façon d'agir & de gouuerner, parlant des premiers Germains dont nous sommes descendus, dit en son Liure, *De Morib. Germanor. cap. 1. 2.* Qu'ils faisoient leurs Rois de la maison la plus Noble & la plus Illustre, mais qu'ils n'auoient pas la puissance de faire tout ce qu'il leur plaisoit; *Regibus non est infinita, aut libera potestas;* & s'expliquant dauantage au Chapitre suiuant, il adjouste; qu'il est bien vray que les Princes deliberoient seuls des petites affaires, mais des grandes & de celles de consequence, tous en general chacun opinant selon que l'aage le portoit, ou qu'ils estoient eloquens & bien disans, leur authorité prouenant plustost de leurs persuasions, & de la force de leurs raisons, que non pas de leur pouuoir ny de leur puissance de commander absolument; *Rex, vel Princeps, prout atas cuique, prout facundia est, audiuntur authoritate suadendi magis, quam iubendi potestate.*

Dans la seconde Race, la France s'estant accruë par les conquestes de Charlemagne & de ses Enfans, il fut impossible d'assembler comme auparauant toute la Monarchie. On reduisit cette Assemblée generale aux Principaux du Royaume, qu'on faisoit aussi tous les ans, tantost dans vn lieu, & tantost dans vn autre, sans en auoir aucun de certain ny d'ordinaire.

Cette

Cette forme de gouuernement se continua dans la troisiesme Race pendant trois cens ans, où rien ne s'est traitté ny conclu qu'auec cette authorité publique, n'y ayant autre Tribunal pour les affaires d'Estat, & la police generale du Royaume que cela; c'est pourquoy nos Historiens ont appellé ces Assemblées, *Iudicium Francorum*.

Sous le regne de Philippe Auguste, qui viuoit en l'an 1182. ces sortes d'Assemblées par le iugement desquelles tout estoit resolu, changerent de nom, & non pas d'authorité, estant appellées Parlement, & fut long-temps ambulatoire, iusques au Regne de Philippe le Bel, qui le fit sedentaire enuiron l'an 1300. & celuy de Louis Hutin son fils, qui luy donna son Palais peu de temps apres pour en faire vn Corps ordinaire & Politique, qui dure encore aujourd'huy auec plus de splendeur & de majesté que iamais.

Ce Parlement ainsi estably, & les affaires d'Estat & publiques ne se presentans pas tous les jours à decider, il commença à connoistre par appel des causes importantes & de consideration qui regardoient les particuliers, & les Communautez, sans perdre pour cela la connoissance des affaires publiques, n'ayant garde de renoncer à vn droit si auantageux, puisque c'estoit la source de son establissement, & qu'il ne representoit pas moins cette Assemblée generale des Francs, conseruant tousiours sa premiere dignité & son ancien pouuoir, encore qu'il fust sedentaire.

Et de fait, nous voyons que le Parlement de Paris a toûjours esté vn abregé des trois Estats, puisque nous y remarquons encore aujourd'huy l'Eglise representée par vn nombre de Conseillers Clercs; la Noblesse dans la personne des Princes du Sang, & des Ducs & Pairs de France, Clercs, & Laics, qui sont les premiers de la Couronne, & deux cens autres familles Illustres & notables, qui reuestent & qui composent cet Auguste Senat. Si bien que ce Corps & cette Compagnie en son entier estant mixte de la sorte, est encore l'image & le racourcy de tous les Ordres du Royaume.

Le Roy y a son lict de Iustice, à l'exemple du Tribunal sur

B

lequel il estoit tousiours esleué dans l'Assemblée generale des Francs, au commencement de la Monarchie, ou dans l'Assemblée des grands de l'Estat en la seconde Race, & plus de trois cens ans dans la troisiesme, comme nous venons de remarquer. Le Chancelier mesme qui est le premier Officier de la Robbe, & le premier membre du Corps de ce Parlement, & non pas le Chef, comme remarque Monsieur le President Seguier dans vne Remonstrance du 2. Mars 1571. y a sa place; Il est aussi dans le Conseil secret du Roy, mais il n'y peut faire aucun acte de iurisdiction, quand il s'agit d'vne affaire qui regarde le Roy & le peuple; c'est dans le Parlement seul qu'il doit la resoudre, comme nous le voyons encore tous les iours sans difficulté quelconque. On y traite encore à present les mesmes matieres qu'en ces premiers temps; le Roy y enuoye tousiours les motifs qu'il pretend auoir de faire la guerre, & de la declarer; & les Estrangers ne croyent point la paix concluë auec nous, qu'apres que le traitté y a esté verifié les Chambres assemblées.

C'est vne loy fondamentale en France, que rien ne peut estre imposé sur les sujets du Roy, & qu'on ne peut faire aucun Officier nouueau, que par le consentement du Parlement, qui represente l'adueu general de tout le peuple. On sçait qu'il connoist du Domaine, du droit de Regale, des Duchez & Pairies, & de tous les droits eminens de la Couronne. Il est seul qui peut faire le procez aux Princes du Sang, aux Officiers de la Couronne, aux Ducs & Pairs, & autres grands du Royaume. C'est luy qui fait les Regens, qui declare les Maioritez, qui authorise les Ordonnances, & qui maintient la Loy Salique, comme nous auons veu en la personne de Philippe de Valois contre Edouard Roy d'Angleterre, & en celle de Henry IV. pendant la Ligue, ayant rendu le calme à toute la Monarchie par vn seul de ses Arrests. Le deffunt Roy y enuoya luy mesme son testament, sçachant bien qu'il ne pouuoit auoir d'authorité dans le public sans cela, parce qu'il y disposoit de la Regence, & de l'ordre du gouuernement.

Ie pourrois m'estendre dauantage sur ce sujet necessaire & considerable, mais comme ie reserue cette entreprise pour vn Ouurage plus solide, & plus particulier, où nous approfondrons & justifierons plus amplement & plus authentiquement, la puissance, la grandeur, & la Majesté de cét Illustre Parlement, venons à nostre Section seconde, & monstrons que le tiltre que nous luy donnons n'est pas moins veritable, que la doctrine que nous soustenons est saine & raisonnable.

SECTION II.

Que le Parlement de Paris estant né auec la Royauté, il ne peut estre interdit ny transferé, qu'auec le Siege de l'Empire, & le Throsne de sa Majesté.

ENcore que ce soit vn crime aujourd'huy, & qu'on appelle seditieux & mauuais François, ceux qui parlent de la Iustice qu'on doit au peuple, & l'obligation que nous auons de maintenir & conseruer les Loix fondamentales de l'Estat, sur lesquelles les Rois subsistent, & font serment quand ils sont Sacrez; Ie crois neantmoins que ie ne fais aucun tort à la Souueraineté de sa Majesté, ny à ma qualité de sujet, de representer fidellement ce qui en est, & de faire connoistre à son peuple quelles elles sont, & à luy ce qu'il doit pour ne les point enfraindre & violer, puis que sa toute-puissance gist à l'execution de la Loy, & non pas à sa destruction.

Nous venons de representer en peu de mots la nature & la qualité du Parlement de Paris, qui estant aussi ancien que la Couronne, & representant en son entier toute la Monarchie Françoise, ne peut passer pour vne Compagnie à l'ordinaire, & sujette à l'inconstance de la Cour, & à la passion de quelque fauory insolent. Et encore que tous nos Historiens & Politiques demeurent d'accord de cette verité certaine, ie veux neantmoins pour la confirmer de plus en plus, rapporter ce que le Parlement en Corps en fit entendre au Roy Louys XIII. dans sa Remonstrance du 21. May 1615. dont voicy les propres termes.

Philippe le Bel, qui premier rendit vostre Parlement sedentaire, & Louys Hutin qui l'establit dans Paris, luy laisserent les mesmes fonctions & prerogatiues qu'il auoit à la suite des Rois leurs predecesseurs. C'est pourquoy il ne se trouue aucune institution particuliere de vostre Parlement, ainsi que de vos autres Cours Souueraines qui ont esté depuis erigées, comme tenant vostredit Parlement, la place du Conseil des Princes & Barons, qui de toute ancienneté estoient prés les personnes des Rois, NAIS AVEC L'ESTAT. *Et pour marque de ce, les Princes & Pairs de France y ont tousiours eu seance, & voix deliberatiue; Aussi depuis ce temps y ont esté verifiées les Loix & Ordonnances, Edicts, creations d'Offices, Traittez de Paix, & autres plus importantes affaires du Royaume, dont Lettres patentes luy sont enuoyées pour en toute liberté les mettre en deliberation, en examiner la Iustice & le merite, & y apporter modification raisonnable. Voire mesme ce qui est accordé par nos Rois aux Estats Generaux doit estre verifié en vostre Cour où est le lieu de vostre Throsne Royal, & le lict de vostre Iustice Souueraine. Et neantmoins, Sire, ceux qui veulent affoiblir & desprimer l'authorité de cette Compagnie, s'efforcent de luy oster la liberté que vos predecesseurs luy auoient perpetuellement accordée, de leur representer ce qu'elle iugeroit vtile pour le bien de leur Estat. Nous osons dire à vostre Majesté, que c'est vn mauuais Conseil qu'on luy donne, de commencer l'année de sa Majorité par tant de commandemens de puissance absoluë, & de l'accoustumer à des actions dont les bons Rois comme vous, Sire, n'vsent iamais que rarement, &c.*

Monstrelet qui n'a point ignoré nos Maximes, appelle le Parlement de Paris, *Conseil Royal*, dans son Histoire de France. C'est pourquoy ce grand Senat estant né auec la Royauté, & faisant la baze & le fondement de tout l'Estat en general; & nos Rois y ayant estably de tout temps le Throsne de leur Grandeur, & le lict de leur Iustice sans iamais y desroger, il est certain qu'il ne peut estre interdit ny transferé qu'auec le Siege de l'Empire, & le nom de la Capitale, puis que

que le Roy ne peut point se separer de sa Iustice, ny se dispenser des Loix fondamentales de son Estat, sans premierement renoncer à la Royauté. Et quand nous lisons que nos Souuerains ont tenu quelquefois leur lict de Iustice en d'autres Parlemens que celuy de Paris, ce n'a esté qu'à leurs premieres entrées dedans les Villes où il y en a, ayans accoustumé de les fauoriser de cet honneur, & d'y seoir vne fois pour y faire esclater leur Iustice Souueraine, de laquelle despend leur authorité, & la manutention du Royaume.

Que si par vne entreprise qui pourroit renuerser les Loix fondamentales de l'Estat, & violer ce qu'il y a de plus sainct & de plus sacré, vn Roy mal conseillé vouloit tenter ce changement dangereux & prejudiciable à sa Couronne, il faudroit tres-asseurément le proposer & en ordonner auec les Princes du Sang, les Compagnies Souueraines, les Estats du Royaume, & tous ceux qui y ont interest, puis que les Loix originaires de l'Estat ne se changent & ne s'alterent point, que du consentement general de ceux qui les gardent & qui les reconnoissent; C'est l'vsage, c'est la pratique, & personne ne peut en vser autrement auec prudence & Iustice.

Dauantage ce Parlement estant sedentaire & perpetuel, il ne peut estre interdit ny transferé, sans quitter son nom, & renoncer à la qualité & stabilité de son institution; Cela est bon au Conseil Priué, & au grand Conseil qui n'ont point de territoire, ny de sieges arrestez, Leurs chaires plantes & mobiles, sont tousiours en estat de marcher auec leurs personnes & leurs charges ambulatoires; où les bancs continus & cramponnez des Parlemens ne quittent plus les murailles qui les soustiennent, & ne sortent iamais des lieux où nos Majeurs les ont vne fois placez; autrement quelle confusion, & quel cahos si vn million de plaideurs estoient obligez & contrains de suiure leurs Iuges & leurs Magistrats tantost dans vne Ville, & tantost dans vne autre, d'vn bout du Royaume à l'autre, & traisner mille chariots de Registres & de papiers importans, qui seroit rompre la societé ciuile.

C

exposer tous leurs biens & leurs fortunes aux dangers des chemins, & faire des vagabonds de tant de bons Citoyens qui sont vnis & attachez à leurs femmes & à leurs enfans sans trouble & sans inquietude.

Choppin dans son traitté du Domaine de la Couronne de France, liu. 2. tit. 15. num. 6. parlant de la nature de Paris, dit, *Que Philippe IV. surnommé le Bel, donna & assigna le Palais Royal pour le consacrer à la Deesse Themis, & pour y exercer PERPETVELLEMENT la Souueraine Iustice, & rendre son Parlement de France FIXE, ARRESTÉ, & SEDENTAIRE, qui auoit esté auparauant ambulatoire;*

Induxitque forum patribus dans iura vocatis,

Et ensuite dequoy,

Iuraque ab hac terra cætera terra petet.

Comme dit Ouide en ses Fastes, liu. 1. predisant la grandeur de la Ville de Rome, & sa majesté par dessus toutes les autres de l'Empire, par la stabilité de son Senat, & le Throsne immuable de ses Souuerains.

De plus les Offices de ces grands Senateurs François estans perpetuels, & vendus par le Roy mesme, il faut qu'il les en fasse jouir en la façon qu'ils les ont trouuez, & suiuant les conditions de leur establissement; Quand Silla estant Preteur à Rome, dit à Cesar qu'il vseroit à l'encontre de luy de l'authorité & du pouuoir que son Office luy donnoit: Cesar sans se formaliser en façon que ce soit, respondit qu'il auoit raison de l'appeller sien, puis qu'il l'auoit acheté. La priuation des Charges ne se fait en France, que par vacation, par mort, ou pour crime & forfaiture prouuée & iugée; il en est de mesme pour la destitution, & ce à cause de la venalité permise des Offices.

Loiseau en son traitté des Offices, liu. 1. chap. 14. num. 21. dit; *Que les interdictions estoient tolerables quand les Charges estoient données gratuitement;* mais maintenant que le Roy les vend si cherement, il seroit Iuge & partie en les priuant sans connoissance de cause pour les reuendre à d'autres. Pour interdire des Officiers il faut qu'ils soient criminels & Iugez tels; où au contraire nous voyons que des perfides, des parjures, & vne douzaine de faux freres qui se sont bannis d'eux-mesmes du lieu de leurs Majeurs, entreprennent par vn aueuglement punissable & vne temerité criminelle, d'interdire & de supprimer la source de leur splendeur, les Colomnes de l'Estat, & les Conseruateurs du lict de Iustice de nos Rois.

Nous lisons dans les Recherches de Pasquier, liu. 2. chap. 4. Que le Roy Charles VII. interdit les Officiers du Parlement qui resterent à Paris, par sa Declaration du 15. May, 1436. parce qu'ils reconnoissoient le Roy d'Angleterre qui s'estoit rendu maistre de cette Capitale, & presque de tout le reste du Royaume; Et cette peine estoit bien petite, puisque cette rebellion & cette infidelité en meritoit vne plus grande, & plus atroce encore.

L'Histoire de nos jours nous apprend, & non pas sans douleur, que par vne Declaration du 23. Ianuier 1649. donnée à Saint Germain en Laye, on fit vn coup d'essay pour tascher de renuerser cet Auguste Senat, afin de mettre le Cardinal Mazarin dessus le lict de nos Rois, & le declarer l'ynique & le seul qui pouuoit soustenir cet Estat, que sa conduite mal-heureuse a mis dans son penchant, ce monstre de Declaration estant son Panegirique, aussi bien que l'inuectiue & la satire contre ce grand Parlement. Et parce que cette entreprise est sans exemple, & que l'insolence de son Autheur est sans égale, il importe d'en rapporter les motifs & les poincts principaux, pour faire connoistre le crime qui l'accompagne, la fausseté qui luy donne couleur, & la peine qu'on doit attendre vn jour de celuy qui fomente & qui fauorise vn attentat si noir, si inoüy, & si dangereux. *Les actes*, dit-il, *de rebellion & de desobeïssance ouuerte commis en dernier lieu par les gens se disans tenir nostre Cour de Parlement de Paris, font assez connoistre aujourd'huy la verité des motifs portez par nostre Declaration du 6. de ce mois, qui nous ont obligé de nous retirer de la ville de Paris pour mettre nostre personne en seureté, & ne demeurer pas exposé à l'insulte qu'ils meditoient de faire pour s'en saisir, &c.*

C'est vn aueuglement qui ne se peut conceuoir, que des Magistrats institüez par le Souuerain pour rendre la Iustice à ses suiets, qui n'ont point d'authorité qui ne soit formée de la main des Rois, qui peuuent par consequent la suspendre, ou la retirer lors qu'ils en abusent; ayent entrepris a esleuer cette authorité au dessus de celle des Rois, mesme s'emparer du gouuernement & de l'administration de l'Estat, par vne vsurpation qui n'a point d'exemple dans les siecles passez, & essayer de rendre leur party plus considerable en flattant & authorisant les desgousts de diuers Princes & grands du Royaume, que le bien de l'Estat & nostre seruice nous a empesché de pouuoir satisfaire dans leurs iustes pretentions. Qui pourra croire à l'adnenir que l'impudence & la rage de ces meschans (parlant du Parlement de Paris dont il se dit le Chef) se soit portée au poinct de l'exercer contre nostre propre Personne en choses indifferentes à leur esgard? Et vn peu apres.

Il est vray qu'on s'estonnera moins qu'ils offentent leur Roy de cette sorte, quand on sçaura qu'ils ont en mesme temps manqué au droit des gens, & au droit Diuin, empeschant les Ambassadeurs des Couronnes & des Princes estrangers de se pouuoir rendre prés de nous, & qu'aucun Euesque de ceux qui se sont trouuez renfermez dans Paris, ne put en sortir pour aller à sa residence, comme ils ont tousiours tesmoigné de le souhaiter passionnément, ayant horreur de voir à leur face vne Ville armée contre son Souuerain, & de n'y pouuoir apporter aucun ordre. Et nous esperons que nos suiets reconnoistront quel est ce monstre de Gouuernement qui pretend regner sur eux, par la destruction de la puissance legitime, & establir la Tyrannie, se mettans dans le Throsne des Rois qui regnent si heureusement depuis tant de siecles. C'est pourquoy ne pouuant plus souffrir sans manquer à ce que nous deuons à nous mesmes, les attentats d'vne Compagnie qui n'a autre puissance legitime que celle que nous luy donnons; Apres auoir veu que sa rebellion est allée iusques à armer nos bons suiets de la Ville de Paris contre nous, & vsurpant en tous les fonctions de la Royauté, & faisant toutes les actions qui n'appartiennent qu'à vn Souuerain; Nous nous sommes enfin resolus, quoy qu'auec vn extreme regret à l'esgard des bons qui sont de ce Corps, d'esteindre & supprimer entierement cette Compagnie, & de retirer la puissance qu'ils ont de nous, &c. A CES CAVSES, &c. Nous auons cassé, reuoqué, & annullé, cassons,

reuo-

reuoquons, & annulons tous les Arrests donnez depuis nostre Declaration du 6. Ianuier 1649. par les gens se disans tenir nostre Cour de Parlement de Paris, comme donnez par attentat & entreprise ouuerte sur nostre authorité, & par gens qui n'ont aucun pouuoir, &c. Enioignons ausdits gens se disans nos Officiers du Parlement de sortir de nostre Ville de Paris dans huictaine, à compter de la datte des presentes, leur faisant tres-expresses inhibitions & deffences de faire aucunes assemblées, tenir aucune Cour, ny Iurisdiction ; Et à faute d'obeir à nos commandemens, & de cesser les entreprises & attentats qu'ils ont commencé; Nous auons de nostre mesme science, puissance, & authorité, adioustant aux peines portées par nostre precedente Declaration, esteint & supprimé, esteignons & supprimons tous les Offices dont se trouuent à present pourueus les Officiers de ladite Cour, leur faisant deffence d'en faire aucune fonction, & à tous nos autres Officiers & suiets de les reconnoistre pour Iuges à peine de desobeissance : Donné à Saint Germain en Laye, le 23. Ianuier 1649.

On void assez par le stile de ces Patentes la passion & l'aueuglement des Ministres, & par l'effet & l'euenement qui les suiuit, que toutes ces violences ne sont que des coups d'vne passion desreglée, & des jeux de femmes & d'enfans, qui causent neantmoins beaucoup de honte à leurs Autheurs, beaucoup de troubles dans l'Estat, & beaucoup de prejudice à l'authorité du Roy qui ne doit iamais se compromettre, ny se prostituer; Puis qu'à la fin de toutes ces Tragedies sanglantes & funestes, le Parlement tout condamné & tout interdit qu'il est demeuré le Maistre, fait voir la iustice de son procedé, fait confirmer ses Arrests, & supprimer ceux de ces mauuais Politiques, qui sans doute se rendent ridicules en publiant tant de Pancartes estonnantes & fulminantes, sans seulement faire peur aux Clercs, ny aux Procureurs de la Cour; Ce que cette Compagnie sage & prudente fit bien paroistre en continuant de rendre la Iustice, & trauaillant à la conseruation & reformation de l'Estat, sans auoir aucun esgard à cette interdiction pretenduë & ridicule. Qu'ainsi ne soit, le 17. Feurier 1649. Messieurs les Gens du Roy ayans receu vn passe-port de saint Germain en Laye

D

pour aller trouuer la Reine Regente, auec cette inscription, A Messieurs Talon, Bignon, & Meliand, cy-deuant nos Aduocats, & Procureur Generaux dans nostre Cour de Parlement; Voyans ces qualitez nouuelles, & ce stil iniurieux, refuserent le passe-port, & ne voulurent partir tant qu'ils en eurent vn autre en bonne forme qui leur fut enuoyé le iour mesme.

Ces actes publiques, & ces entreprises sans effet, font assez connoistre l'inconstance & foiblesse de ces Ministres qui ne peuuent souffrir de contradicteurs en leurs tyrannies, & qui interdisans tant d'Officiers fideles & necessaires plus qu'eux mille fois, veulent faire comme Cleomenes qui massacra tous les Ephores, pour estre maistre seul de l'Estat & de la Iustice.

Ie ne puis obmettre ce qui se passa en cette mesme année 1649. pour seruir de regle & de prejugé au temps present, sçauoir que le Conseil d'Enhaut ayant enuoyé vne Declaration au Presidial d'Orleans pour iuger Souuerainement & en dernier ressort, auec deffences de plus reconnoistre le Parlement de Paris qui est son reformateur legitime & naturel; Ces petits Officiers chatoüillez du nom d'Independans & de Souuerains, enregistrerent leur nouuelle attribution, & se mirent en deuoir d'en joüir auec peu de respect, & trop de precipitation, dequoy le Parlement aduerty, voulant les maintenir dans le deuoir, & leur apprendre le peu d'estat qu'ils deuoient faire d'vne interdiction qui ne se peut entreprendre pendant vne Minorité, ny lors qu'vn Roy n'est point en liberté, ny dans son lict de Iustice, ny dans quelque autre temps, ny pour quelque pretexte que se puisse estre, donna l'Arrest qui s'ensuit le 8. Feurier 1649. *La Cour toutes les Chambres assemblées, ayant deliberé sur la Lettre du Substitut du Procureur General du Roy à Orleans, du 30. du mois de Ianuier 1649. escrite audit Procureur General, & apportée à ladite Cour ce matin par les Gens du Roy, faisant mention du refus fait par les Gens tenans le Presidial audit lieu d'executer les Ordres & Arrests de ladite Cour à eux enuoyez, & de ce qu'ils ont fait registrer vne*

Declaration pour juger Souuerainement ; Ouy lesdits Gens du Roy, &c. A esté arresté & ordonné, que les Lettres de ladite Cour, & les Arrests d'icelle seront derechef enuoyez ausdits Officiers du Presidial, Preuosté, Maire & Escheuins d'Orleans, ausquels elle enjoint de les receuoir, faire registrer, & executer incessamment à peine d'interdiction ; Leur fait tres-expresses inhibitions & deffences de receuoir, deferer, & reconnoistre autres ordres contraires à ladite Cour, donnez pour maintenir l'authorité du Roy, & la tranquillité publique. Leur fait en outre deffence de connoistre & iuger d'autres matieres que de celles à eux attribuées par les Edicts du Roy verifiez en ladite Cour. Enjoint au Gouuerneur & Suiets dudit Seigneur Roy de ladite Ville tenir la main à l'execution, à peine d'estre declarez pertubateurs du repos public.

Le 16. ensuiuant il donna pareil Arrest pour tous les Officiers de son ressort, qui ne manquerent pas d'y obeïr, comme ils y sont obligez : Ce qui maintient l'Estat & les suiets dans vn ordre, vne tranquillité, & vne abondance qui ne se trouue point auiourd'huy, à cause des traistres & des faux freres qui ont renoncé à leur honneur & à leur serment pour se vendre & prostituer à l'ennemy de l'Estat, au Bourreau des peuples, & au destructeur de la Iustice.

Apres cette interdiction imaginaire, & qui ne fut point signifiée, non plus qu'executée, les choses venant à s'accommoder, son Altesse Royale disant en la Conference qui se tint à Ruel le 11. Mars 1649. auec les Deputez de cette mesme Compagnie interdite pour des procez, & reconnuë pour les affaires d'Estat, que le Parlement de Paris estoit supprimé, & qu'il falloit le restablir à Tours, Monsieur le premier President luy respondit auec beaucoup de vigueur & de verité, *Que cette suppression n'auoit pas esté verifiée, que la puissance des Rois estoit bornée aux Ordonnances & Loix du Royaume qui desiroient cette verification*, ce qui luy ferma la bouche, & à tous les Ministres.

Apres plusieurs contestations on conclut vn Traitté ce mesme iour, & les articles en furent signez, le second desquels porte, sans plus parler d'interdiction, *Que le Parlement se rendra suiuant l'ordre qui luy sera donné par sa Majesté à saint Germain en Laye, où sera tenu vn lict de Iustice par sa Maiesté, auquel la Declaration contenant les articles accordez, sera publiée seulement, apres quoy le Parlement retourna à Paris faire ses fonctions ordinaires.*

Monsieur le premier President, auec les autres Deputez, ayans rapporté ces articles & ce traitté de Paix, la Cour deliberant sur iceux le Lundy 15. Mars 1649. elle ordonna à l'esgard du second que nous venons de cotter, que les Deputez du Parlement retourneroient à saint Germain en Laye pour faire instance d'obtenir la reformation de quelques articles, sçauoir de celuy d'aller tenir vn lict de Iustice à saint Germain, & prier le Roy d'en dispenser le Parlement, pour estre trop contraire à la Majesté d'vn Senat dont il est le Chef, & premier Senateur, qui ne peut souffrir de taches ny d'atteintes quelques legeres qu'elles soient, non plus que la Vierge qu'il represente, & qu'il conserue auec tant d'integrité qui est la Iustice; Ce qui fut accordé sans difficulté quelconque, & fut dit qu'il enuoyeroit seulement ses Deputez à saint Germain en Laye le Mardy 6. Avril ensuiuant, pour complimenter leurs Majestez, & les assurer de son obeïssance & de sa fidelité; Le Corps de la Compagnie demeurant dans le lieu de leurs Majeurs qui ne doit iamais souffrir d'eclypses, ny de changement qu'auec les fondemens de la Monarchie de laquelle il est le premier & principal appuy ; *Arca fœderis in locum suum, in oracuum Templi, in sanctum Sanctorum, subter alas Cherubin; Reg. lib. 3. cap. 8. verf. 6.* qui sont les Anges Gardiens du Royaume, ces Tuteurs des Rois, & ces conseruateurs du Temple de la Iustice, & des Loix fondamentales de l'Estat.

Ce grand Parlement qui ne diminuë rien de sa force, ny de son pouuoir pour les brouillards & les nuées qui le troublent & qui l'offusquent sans le toucher, sçachant que le Conseil qui n'aime que le desordre & la confusion, taschoit d'abattre sa Iustice & son authorité, il donna Arrest le 4. Feurier 1649. portant que; *Sur ce qui a esté proposé qu'il a esté donné vn Arrest au Conseil tenu à saint Germain en Laye depuis peu de iours, portant que* tous les Contracts & obligations faites en cette Ville de Paris le 5. Ianuier seront nulles, ce qui est contre l'ordre & equité, & fait à dessein de troubler le repos & tranquillité publique, & renuerser le commerce d'entre les fideles suiets du Roy, La matiere mise en deliberation, Ladite Cour toutes les Chambres assemblées, a ordonné & ordonne que tous lesdits Contracts & obligations & autres actes faits & passez en cette Ville entre tous particuliers & Communautez, vaudront & seront executez comme bien & legitimement faits, nonobstant tous iugemens & lettres à ce contraires; Et sera le present Arrest affiché, &c.

Ce ne seroit point assez à cette source de Iustice de se conseruer soy-mesme dedans sa pureté, sans monstrer que son pouuoir est assez grand & assez puissant pour maintenir & proteger ceux qui l'implorent, & qui sont sortis de son sein. Toute la France sçait, que les Ministres ayans mené le Roy Mineur au Parlement le Mercredy 15. Ianuier 1648. pour y faire verifier six Edicts bursaux par la force de sa presence; Le lendemain tous les Maistres des Requestes ausquels on auoit donné douze Compagnons nouueaux par l'vn de ces Edicts, s'assemblerent dans leur Chambre au Palais, & resolurent de s'opposer à l'execution de l'Edict qui les concernoit comme ils firent dans la grand' Chambre, & de chercher en suite auprès du Parlement les moyens de se garantir & se deffendre de la violence de cette nouuelle creation, & de l'injustice des Ministres qui l'appuyoient & qui la desiroient. Cette deliberation estant venuë à la connoissance de la Reine Regente, & du Conseil, elle les fit mander le mesme iour sur le soir au Palais Royal, où s'estans trouuez, Monsieur le Chancelier leur dit en presence de leurs Majestez, que le Roy auoit esté informé de plusieurs deliberations qu'ils auoient faites, lesquelles estoient entierement contraires au bien de l'Estat, & aux affaires presentes du Royaume, &c. C'est pourquoy il auoit ordre du Roy de leur interdire l'entrée de ses Conseils, jusques à ce qu'ils eussent rapporté toutes leurs deliberations pour estre lacerées & biffées en leur presence.

Les Maistres des Requestes moins estonnez qu'auparauant de ce mauuais traittement, qui fut encore suiuy de quel-

E

ques paroles aigres de la Reine qui leur dit, que c'estoient de belles gens pour s'opposer aux volontez du Roy son fils; Ne laisserent pas de poursuiure leur premier dessein, & d'entrer dés le lendemain Vendredy matin dans la grand' Chambre au nombre de quatre suiuant leur priuilege, pour demander acte au Parlement toutes les Chambres assemblées, de l'opposition qu'ils formoient à la verification de l'Edict de creation de douze Maistres des Requestes nouueaux, & à l'execution de l'Arrest de verification qu'on disoit y auoir; Alleguans pour moyen, que le Roy ne pouuoit créer d'Officiers dans les Compagnies Souueraines pendant sa Minorité; Surquoy le Parlement leur donna acte de leur opposition qui seroit jugée les Chambres assemblées; Ce qui estourdit tellement les Ministres d'Estat, & les autheurs de toutes ces nouueautez oppressantes, qu'on les restablit le Mercredy 8. Iuillet 1648.

Ces Messieurs non contens d'vne victoire si glorieuse pour eux, & si infame pour les chercheurs d'argent de peuple, en voulurent encore vne confession publique, & contraignirent les Partisans de leur persecution, de deffaire par vn Edict honteux ce qu'ils auoient entrepris par vne patente injuste & violente; Lequel fut publié & verifié au Parlement le Roy y seant en son lict de Iustice le 31. Iuillet ensuiuant; Et ce auec des Eloges d'autant plus indignes d'vn Souuerain, & de ceux qui le conseillent, qu'ils sont donnez à des Officiers qui se seroient contentez de moins; qui est veritablement prostituer l'authorité Royale, & la rendre contemptible entierement; Voicy comme ils sont conceus dans l'article 13. de cette Declaration deplorable; *La necessité de nos affaires nous ayant obligé cy-deuant de faire plusieurs creations d'Offices, entre autres de Maistres des Requestes de nostre Hostel; Ayant consideré les seruices qui nous ont estez rendus par lesdits Maistres des Requestes de nostre Hostel en diuerses occasions importantes, dont nous auons vne satisfaction singuliere, joint le grand nombre d'Officiers qui y sont à present; Nous auons iugé à propos, ayans esgard aux instances qui nous en ont esté faites, de supprimer lesdits Offices de Maistres des Requestes creez* par nostre Edict du mois de Decembre dernier; Et à cette fin nous auons reuoqué & reuoquons ledit Edict de creation de douze Maistres des Requestes; Verifié nous y seant en nostre lict de Iustice, & iceux Officiers auons supprimé & supprimons, sans qu'en consequence dudit Edict il y puisse estre cy-apres pourueu. Voila comme on desaduouë publiquement & solemnellement, ce qui se fait dans le Cabinet des Partisans auec trop d'imprudence & de temerité, & comme on louë par des actes eternels & authentiques, ceux qu'on traittoit de belles gens, & de peu de consideration en discours familiers. O jeune Roy! quand serez-vous mieux serui, & plus fidellement conseillé.

Toute la France sçait, & se mocque que ce mesme Conseil ayant interdit le Parlement de Bourdeaux en l'an 1650. & que voulant en faire autant de celuy de Thoulouse, il en demeura aussi sot, & aussi peu satisfait, que ses parchemins bien scellés & mal executez ont esté peu reuerez & peu reconnus; Puis que ces patentes n'ont serui qu'à faire voir que ces Ministres interessez sont assez imprudens pour entreprendre toutes sortes de choses, & assez lasches & assez foibles pour n'en pouuoir executer aucune, qui est pecher contre les maximes & les principes du mestier qu'ils font, & dont ils s'acquittent si mal. Et pour monstrer que ie ne parle ny par ignorance, ny par passion, il faut pour ma justification, & la conuiction de ces dangereux Politiques, que ie rapporte fidellement les propres termes des Remonstrances que le Parlement de Bourdeaux fit au Roy, & à la Reyne Regente le 3. Septembre 1650. imprimées chez Bessin à Paris 1650. pag. 8. & 15. touchant cette interdiction pretenduë; Les voicy sans desguisement quelconque.

Monsieur le Chancelier ayant accordée & seellée l'interdiction du Parlement de Bourdeaux en l'an 1650. par l'ordre du Mazarin, duquel il n'est que l'Officier & le Ministre; il seella encore vne Declaration en blanc au nom du Roy, dattée d'vn iour apres l'interdiction, portant reuocation pour vne partie des Officiers du Parlement, qui fut remplie par le Duc d'Espernon dans Bourdeaux mesme du nom de ceux qui luy estoient le moins odieux. Cet Ouurage de diuerses mains, escrit de diuerses lettres, en deux diuers endroits du Royaume si esloignez l'vn de l'autre, fut signifié le lendemain de l'interdiction par les Huissiers à la Chaîne qu'il auoit enuoyez, & remis és mains du Procureur General de ce Parlement. Et vostre Maiesté peut iuger par la liaison de ces artifices si grossiers, auec quel mespris de l'authorité Royale, & auec quelle iniure de la dignité de vostre Regence on a publiquement fabriqué vn crime de faux au Seau, & auec quel abandonnement on a prostitué l'Image du Roy, pour satisfaire à la fureur & à la vengeance d'vn particulier, contre les droits & les Priuileges d'vne Compagnie Soueraine. Et sept ou huict pages après. Monsieur le Cardinal s'est fait expedier au Seau, qu'il change de main quand il veut, vne Declaration de Generalissime de France, & a fait fermer ce Seau depuis six mois pour les expeditions des Offices de cette Compagnie, qui est vn nouueau genre d'iniustice. Et contre les anciennes Ordonnances, & les termes exprés de la Declaration de Decembre 1649. fait expedier incessamment des Euocations generales en faueur de ceux qui ont commis des cas execrables dans la Prouince, pendant ces mouuemens, auec des termes infamans contre l'honneur de la Compagnie qui demeure chargée d'opprobres, & priuée de sa Iurisdiction par des tiltres où vostre Seau est appliqué, & par l'exemption qui est accordée à ces coupables, &c.

Ce n'est pas d'aujourd'huy que les Adorateurs des fauoris, & les fauteurs de la maltote & des partisans se seruent de ces remedes iniustes & violens, mais nous sçauons aussi que ceux qui en connoissent le foible & l'iniquité en font si peu d'Estat, qu'ils n'ont iamais esté publiez & signifiez, que pour estre cassez & reiettez presque au moment de leur naissance. Les Registres du Parlement nous apprennent, que le Conseil d'Estat ayant donné vn Arrest à Fontaine-Bleau le 18. Septembre 1578. par lequel les Greffiers & les quatre Notaires de la Cour estoient interdits de leurs Charges, faute d'auoir par eux payé les taxes nouuelles esquelles ils estoient cottisez, La Cour par son Arrest du 23. Octobre ensuiuant, leue ladite interdiction, & enjoint aux Greffiers & quatre Notaires d'icelle de signer toutes les expeditions, nonobstant l'interdiction à eux faite en vertu de l'Arrest dudit

dit Conseil, ce qu'ils firent sans se mettre en peine dauantage.

Comme si les Ministres d'Estat auoient fait vœu de n'eiamais commettre que des iniustices, & de ne pas deuenir sages à leurs propres despens en corrigeant leurs fautes passées; sans considerer que tant d'interdictions temeraires & inutiles ne sont que des marques de leur foiblesse, & de leur imprudence, ils sont encore si opiniastres & si aueuglez dans leur erreur, qu'ils font imprimer vne interdiction nouuelle du Parlement de Paris à Pontoise le dernier iour de Iuillet 1652. Et parce que les Colporteurs l'ont debitée secrettement & comme en cachette pour en tirer quelque douzains, il importe de desabuser les lecteurs de cette Gazette, pour leur faire connoistre le peu de fondement de cét escrit, & les nullitez & les precipitations qui s'y rencontrent, si tant est que quelque mauuais François, ou quelque traistre à sa Patrie y voulut adiouster la moindre creance, & luy donner quelque rang parmy les actes publics de nos Registres approuuez.

Cette Pancarte qui contient douze grandes pages, exposée dàs les trois dernieres sous le nom d'vn Roy de quatorze ans, tres-mal informé, & encore plus mal conseillé, *Que l'authorité violente que les rebelles ont vsurpée dans nostre ville de Paris, n'a laissé aucune liberté à nostre Parlement, nous auons transferé & transferons par ces presentes nostredite Cour de Parlement de Paris en nostre ville de Pontoise, où nous voulons, & entendons, que tous les Presidens, Conseillers, nos Aduocats, & Procureur general, Greffiers, Notaires & Secretaires, Huissiers, Aduocats, Procureurs & autres Officiers & supposts d'icelle, ayent à s'y rendre incessamment pour y faire la fonction de leurs Charges, &c. Et cependant iusques à ce qu'ils ayent satisfait à nostre commandement, nous leur auons interdit & interdisons toutes fonctions & exercices de leur sdites Charges, à peine de faux, & d'estre procedé contre ceux qui auront refusé d'obeir comme contre des rebelles & desobeissans, selon la rigueur de nos Ordonnances. Auons fait & faisons tres-expresses inhibitions & defenses à tous nos suiets de quelque qualité & condition qu'ils soient, de*

F

se pouruoir à l'aduenir pardeuant eux ny ailleurs, que pardeuant les gens de ladite Cour qui se trouueront assemblez en ladite ville de Pontoise, le tout à peine de nullité des iugemens, & de desobeïssance, & d'estre les contreuenans declarez criminels de leze Maiesté, &c. Si donnons en mandement à nos amez & feaux les Presidens & Conseillers de nostre Parlement estant de present en nostredite ville de Paris, qu'ils ayent à cesser toutes deliberations apres la lecture des presentes, & à se rendre incessamment pres de nostre personne en nostre ville de Pontoise, pour y estre les presentes leuës, publiées en nostre presence, & registrées par ceux des Presidens & Conseillers de nostredite Cour qui s'y trouueront assemblez, pour estre le contenu en icelles executé selon leur forme & teneur, &c. Donné à Pontoise le dernier iour de Iuillet 1652. Signé LOVIS, & plus bas par le Roy, De Guenegaud, scellé du grand Sceau de cire iaune.

En suite de cette pretenduë Declaration, est imprimé l'acte qui s'ensuit; Ce iourd'huy 6. du mois d'Aoust 1652. Le Roy estant dans son Chasteau de Pontoise, les presentes Lettres ont esté leuës & publiées de l'Ordonnance de sa Maiesté en sa presence, celle de la Reine sa Mere, &c. Et des Presidens & Conseillers de sa Cour de Parlement de Paris transferé à Pontoise, mandez pour cet effet, Moy Conseiller de sa Maiesté en son Conseil d'Estat, & Secretaire de ses commandemens present.

Signé,   DE GVENEGAVD.

Apres cet Acte en suit vn autre que voicy; Auiourd'huy 7. Aoust 1652. la presente Declaration & translation du Parlement de Paris à Pontoise, a esté Registrée au Greffe dudit Parlement tenu à Pontoise les Chambres assemblées suiuant l'Arrest de ce iour.

Extrait des Registres de Parlement.

Ce iour la Cour les Chambres assemblées, le Procureur general du Roy est entré en la Cour, & a porté les Lettres patentes en forme de Declaration, signées LOVIS, & plus bas par le Roy, DE GVENEGAVD, &c. Veu lesdites Lettres par lesquelles, & pour les considerations y contenuës, sa Majesté de l'aduis de son Conseil, &c. Veu aussi l'acte de la lecture & publication faite desdites Lettres dans le Chasteau de Pontoise en presence du Roy, de la Reine, &c. & des sieurs Presidens & Conseillers de ladite Cour de Parlement de Paris transferé à

Pontoise, mandez pour cet effet, &c. Conclusions du Procureur general du Roy: Tout consideré: LADITE COVR a ordonné & ordonne que lesdites Lettres seront Regiſtrées, &c. & qu'il sera donné aduis du preſent Arreſt aux autres Parlemens, & enuoyé autant de ladite Declaration & Tranſlation. Fait en Parlement les Chambres aſſemblées, tenu à Pontoiſe le 7. Aouſt 1652. Signé RADIGVES.

Examinons maintenant les impostures, les fauſſetez, les nullitez, les impertinences, & les impoſſibilitez de cette pretenduë Declaration, & des actes & Arreſt qui l'accompagnent.

L'impoſture y eſt viſible & manifeſte, en ce que l'on qualifie de rebelles ſon Alteſſe Royale, & les Princes du Sang qui ſouhaittent & conuient le Roy de retourner tous les jours dans ſa bonne ville de Paris, où ils l'attendent auec obeïſſance & fidelité; d'adjouſter que ces Meſſieurs n'ont laiſſé aucune liberté au Parlement qui ne ſe plaint point, c'eſt vne impoſture publique entaſſée ſur vne autre auſſi noire & auſſi connuë, puis qu'on void le contraire tous les jours, & que les vns & les autres ſont vnis & aſſociez dans la Cour des Pairs, & le lieu de leurs Majeurs, pour chercher les moyens de reünir la Maiſon Royale, d'eſloigner les Eſtrangers qui cauſent cette diuiſion, & qui tiennent le Roy en captiuité pour la fomenter, & abuſer de ſon ieune aage & de ſon authorité; & finalement rendre le repos & la tranquillité aux ſujets de ſa Maieſté, que des Miniſtres illegitimes & reprouuez par les Loix fondamentales de l'Eſtat, leur rauiſſent & leur deſrobent.

La fauſſeté de cette Patente eſt toute apparente en l'acte du 7. Aouſt, ſigné DE GVENEGAVD, portant que cette Declaration d'interdiction a eſté leuë ce meſme iour de l'Ordonnance de ſa Maieſté en preſence des Preſidens & Conſeillers de ſa Cour de Parlement de Paris transferé à Pontoiſe, mandez pour cet effet, ſans ſe ſouuenir qu'ils ont expoſé par vn motif de douleur dans cette meſme Declaration, en la page 6. & 9. que l'effort que les rebelles qui ſont à Paris firent le 25. Iuin auparauant aux aduenuës du Palais où ſe rend la Iustice, contre ceux des Officiers de nostre Parlement qui n'auoient pas aueuglément suiuy toutes leurs passions, & les mauuais traittemens qu'ils receurent en sortant de ce lieu venerable, &c. auec la violence qui se commit en l'Hostel de Ville, le 4. Iuillet ensuiuant, qui donne de l'horreur à tous ceux qui en entendent le recit, auec des menaces & voyes de fait, obligea le Gouuerneur, le Preuost des Marchands, le Lieutenant Ciuil, & grand nombre de nos autres principaux Officiers & seruiteurs (qui sont les Presidens & Conseillers qui sont à Pontoise depuis ce temps-là) à sortir de ladite Ville pour en demeurer les maistres, &c.

Outre cette Patente faite à plaisir, nous auons encore la responseparescrit que le Roy fit aux six Corps des Marchands de Paris, à Pontoise le 1. Octobre 1652. signée LOVIS, & plus bas, DE GVENEGAVD, laquelle porte en termes exprès sur la fin: *Qu'il est necessaire auant que le Roy retourne à Paris, que le Gouuerneur & les Magistrats qui ont esté cy-deuant chassez de ladite Ville, y soient restablis pour y faire en toute seureté la fonction de leurs Charges, & qu'en mesme temps le Preuost des Marchands, & les deux Escheuins qui ont esté depossedez, &c. soient continuez en leurs Charges, &c.* Estant à remarquer pour vne intelligence plus grande, qu'il distingue icy les Officiers du Parlement d'auec ceux de l'Hostel de Ville, & partant la fausseté susdite doublement confirmée.

S'il est vray, comme il n'en faut pas douter, & comme cette mesme Declaration le tesmoigne, & la response du Roy sus-alleguée, que les Presidens & Conseillers qui sont à Pontoise s'y sont rendus fugitifs dés le 5. Iuin dernier qu'ils sortirent de Paris à l'inconnu, il est faux d'escrire dans vn acte signé par vn Secretaire d'Estat, qu'ils y ont esté mandez exprés, le 6. Aoust ensuiuant, pour y tenir vn Parlement auquel on n'a pensé que deux mois aprés, & que l'on n'a basty que sur leur presence & leur infidelité. Ces veritez sont de fait & de notorieté publique, & ne faut pas plus de preuues ny de Philosophie dauantage pour les persuader aux enfans mesmes.

Les

Les nullitez de cette piece sont euidentes, en ce qu'elle est contraire aux loix fondamentales de l'Estat, & la nature du Parlement qui est sedentaire & immuable, & que n'estant point verifiée en quelque part que ce soit, elle ne peut auoir d'effet ny de vigueur, comme Monsieur le premier President fit entendre à Monsieur le Duc d'Orleans à Ruel dans la Conference du 11. Mars 1649. luy soustenant & à tous les Ministres, que la puissance des Rois est bornée aux Ordonnances & Loix du Royaume qui desirent cette verification, comme nous auons desia remarqué cy-deuant; Et si la verité est tousiours vne, ie ne puis comprendre comme vn mesme Magistrat si intelligent & si penetrant pourra parler d'vne sorte comme premier President, & d'vne autre comme Garde des Sceaux & Ministre d'Estat; encore veritablement qu'il tesmoigne assez qu'il ne croit point le Parlement qui est à Paris interdit, puis qu'il luy addresse les Patentes qu'il seelle & qui luy appartiennent, comme il a fait les prouisions du sieur Portelot Procureur de la Cour, données & seellées à Compiegne le 13. Septembre 1652. qui eut Arrest de reception le Samedy 28. du mesme mois & an, outre qu'en France on n'interdit, & ne priue-on iamais aucun Officier que pour crime & pour forfaiture prouuée & iugée; A plus forte raison deux cens tout à la fois, sans plaintes, sans delict, sans procedure, sans conuiction, sans condemnation, & sans connoissance de cause, & ce par des personnes coupables & sans pouuoir, comme si vn criminel pouuoit condamner son Iuge crainte qu'il ne luy fit son procez; ces faux freres de Pontoise estans coupables de droit & de fait. Et ne sçais comment des Magistrats, si Magistrats peuuent estre appellez, qui ont auec toutes les Chambres assemblées au lieu de leurs Majeurs, iugé & condamné dans les formes ordinaires le Mazarin, & le banny du Royaume, peuuent puis apres verifier vne abolition pour luy qui les accuse d'iniustice & de violence; c'est souffler le chaud & le froid d'vne mesme bouche, faire & deffaire, absoudre & condamner en mesme temps, ce qui ne s'est pu faire que les

G.

mesmes Chambres assemblées, autrement vne seule du Parlement rebelle & desaduoüée, auroit plus de pouuoir seule que toutes les autres ensemble, & pourroit reformer en son particulier, ce qu'elle auroit conclu & arresté auec le general, qui est vne temerité inoüye & punissable.

Pour les impertinences de cette translation sacrilege, elles se voyent par les contes faits à plaisir qui la remplissent, & par les actes qui la suiuent, où le Prestre Martin chante & respond, on la lit, on la concerte, & on la publie deuant le Roy en presence des Presidens & Conseillers suiuans la Cour & le Mazarin, & six iours apres ces mesmes Presidens & Conseillers se retirans dedans leur grange pour faire vn Parlement, la verifient pour plaire à leur criminel, & se rendre la honte & l'opprobre des gens de bien; & douze Conseillers qui violent leur serment, & qui renoncent à l'honneur de leur dignité, sans sçauoir où s'asseoir ny où se retirer, sans Greffiers, sans Huissiers, sans Procureurs, sans Aduocats, sans parties mesme, & sans Officiers, donnent vn Arrest les Chambres assemblées dans vn meschant Auditoire qui n'en a qu'vne, & où ils ne sont pas nombre pour en composer vne comme ils font & doiuent faire à Paris, où ils sont trente tout au moins.

Quant aux impossibilitez, elles se voyent en lisant, & la Patente & les Actes qui sont en suite, en ce qu'on ordonne le dernier Iuillet au Parlement de Paris, qui est composé de deux ou trois mille Officiers de se rendre à Pontoise dedans trois jours, puisque le 6. Aoust ensuiuant on enregistre sa translation imaginaire, & que toute cette ville qui est trop petite pour loger la seule Maison du Roy, n'est pas capable ny suffisante d'y donner le couuert seulement au Parlement de Paris & à sa suite, quand le Roy mesme en sortiroit & tous ses habitans. Tesmoins douze ou quinze qui y sont sans suite & sans Officiers, que l'on desloge tous les jours, & que l'on chasse de la ville sans auoir esgard à leur grand zele, quoy qu'indiscret, ce dessein n'estant pas moins inepte ny moins ridicule que seroit celuy de vouloir mettre Paris dedans

Corbeil, & son Archeuesché à Vaugirard. C'est pourquoy il ne faut pas trouuer estrange si ce grand Senat qui n'est pas fait comme vn Regiment de Carabins, ne quitte pas facilement le lieu de ses Majeurs, le Temple de la Iustice, & le Throsne de nos Rois qui ne peut estre sujet aux inconstances de la Cour ny aux desreglemens de ceux qui n'en connoissent point la grandeur ny la Majesté, pour trotter & pour courir apres vn Mazarin qui n'a point de retraite. Et si se seruant de sa prudence & de son authorité ordinaire, il a donné Arrest toutes les Chambres assemblées, le 9. Aoust 1652. *Sur ce qui luy fut representé, que depuis quelques jours treize ou quatorze, tant Presidens que Conseillers de ladite Cour, se sont retirez de cette Ville, & allé en celle de Pontoise, où sous faux pretexte & contre le deuoir de leurs Charges, ils ont fait vne assemblée & pretendu establissement du Parlement dans l'Auditoire dudit lieu, dans lequel ils s'ingerent de donner des Iugemens par vne forme extraordinaire, & entreprise sans exemple sur la Iustice souueraine de sa Majesté, au preiudice de son authorité, & de l'honneur du Parlement. Ouy sur ce Bechefert Substitut pour le Procureur general du Roy. Ladite Cour a cassé ledit pretendu establissement, l'a declaré & declare nul & illegitime, comme fait par gens sans pouuoir, & contraire aux Loix fondamentales de l'Estat, aux Ordonnances du Royaume, repos & tranquillité publique: leur fait tres-expresses inhibitions & deffenses de s'assembler ny donner aucuns Iugemens à peine de faux, & à tous les Officiers & sujets du Roy de les reconnoistre, & de se pouruoir pardeuant eux, en quelque sorte & maniere que ce soit. Enioint à tous les Iuges du ressort d'enuoyer les procez en ladite Cour, ainsi qu'il est accoustumé, à peine de respondre des dommages & interests des parties. Et sera le present Arrest leu, publié & affiché par tous les carrefours de cette Ville & Faux-bourgs, & enuoyé à tous les Bailliages & Sieges Presidiaux, & autres du ressort, pour estre pareillement leu, publié, gardé & executé, & donné aduis à celuy & de l'entreprise aux autres Parlemens. Fait en Parlement le 9. Aoust 1652. Signé, DV TILLET.*

Ces entreprises & ces coups de passion de tant de Ministres Estrangers qui abusent de la facilité d'vn Roy de quatorze ans, & qui ignorent les maximes & les Loix fondamentales de nostre Monarchie, me font souuenir de ce qui arriua à Rome dés le commencement de sa fondation, entre Romulus & le Senat qu'il institua pour se maintenir, & conseruer la Majesté qu'il se preparoit. Ce Prince immortel à qui toutes choses portoient ombrage, n'eut pas formé cette Compagnie souueraine & Politique, qu'il en deuint jaloux & ne pouuoit plus la souffrir ; ces grands Magistrats qui l'auoient receu & reconnu pour Prince, suiuant les Loix establies & approuuées, vouloient joüir de leurs droits & de leur authorité dans la connoissance & le gouuernement de la chose publique qui les regardoit : Romulus au contraire pretendoit faire des esclaues de ceux qu'il auoit choisi pour Ministres de l'Empire qu'il bastissoit ; Le Senat qui auoit esté institué pour ayder le Prince ne pouuoit souffrir ce mespris ny cette tyrannie ; si bien que le Souuerain qui deuoit le maintenir, tascha de le ruiner & de l'abolir, sans pouuoir neantmoins en venir à bout.

Le Parlement de Paris est bien en plus forts termes, il n'est point en sa naissance comme le Senat de Rome, il y a tantost treize siecles qu'il est reconnu de nos Rois, & qu'ils en font le lict de leur Iustice, & le Throsne & le fondement de leur Estat ; Les Histoires Estrangeres aussi bien que les nostres, remarquent que sans ces colomnes inesbranlables le Royaume auroit changé de trente sortes de Seigneurs, & d'autant de mains differentes, & sans aller plus loing, c'est luy seul qui sans armée & sans bataille a conserué la Couronne à nostre jeune Roy, empeschant comme il fit par son Arrest, qu'on ne l'ostât à Henry IV. son Ayeul, la veille que les Ligueurs en deuoient eslire vn autre.

Les Loix fondamentales de l'Estat sont tousiours plus fortes & plus inuiolables en leur fin qu'en leur commencement, la possession les affermit, l'vsage les rend irreuocables. Les fondemens ne s'enleuent point sans remuer la superficie, & l'effet d'vne bonne cause ne se peut changer ny alterer qu'auec sa cause mesme ; quand on fera vn nouuel

Estat,

Estat de quoy Dieu nous preserue) on fera des Loix nouuelles, & vn establissement nouueau, tel qu'on le trouuera à propos; nous en auons vn solide & fauorable, il faut s'y arrester. Il y a treize cens ans que nostre Monarchie subsiste, il y a tout autant que le Parlement de Paris est recōnu pour celuy qui la maintient, soixante-six Rois l'ont tousiours regardé pour la baze & la source de leur Iustice & de leur authorité, c'est pourquoy il ne peut receuoir aujourd'huy d'alteration ny de changement qu'auec vn bouleuersement general de l'Estat, puis qu'il en est la Regle & le Conseruateur. S'il y auoit soustraction d'obeissance, comme autrefois sous Charles VII. & de nos jours sous Henry IV. vn Roy legitime & reconnu pourroit l'appeller & le transferer auprès de soy pour l'arracher d'entre les mains de l'vsurpateur qui seroit Maistre de Paris, & l'approcher de sa personne pour appuyer son authorité, & se seruir de ses Conseils; en quoy il seroit assez fidelle & assez affectionné pour s'y rendre de soy mesme. Mais au contraire, nous auons dedans la Capitale tous les Princes du Sang, deux cens Senateurs & les Compagnies Souueraines de la Ville qui ne demandent que la presence du Roy, qui luy enuoyent des Deputez de jour en jour pour le supplier de retourner dedans sa bonne ville de Paris, qui donnent à tous momens des Arrests & des imprecations contre ceux qui le tiennent esloigné, & qui luy preschent la haine & l'auersion de ses plus veritables & plus fideles sujets; Et parce que ce nombre infiny de gens de bien ne peut adherer à la malice & à la perfidie de cinq ou six Estrangers qui sont Maistres, & de la personne sacrée de sa Majesté, & de toute son authorité; Il faut placer le Cardinal Mazarin estranger & banny de cet Estat dessus le Throsne de nostre Roy, & luy donner pour assesseurs vn Roy d'Angleterre qui ne sçait faire que des mal-heureux, auec trois de ses Milords qui luy ont fait perdre trois Couronnes, le Prince Thomas qui est pensionnaire du Roy d'Espagne & l'ennemy iuré de la France, & vn miserable Italien Zongo Ondedei, qui est l'image & l'espion du Mazarin chassé des

H

Conseils de la France, & qui neantmoins y peut tout & y fait tout, encore qu'il en soit reconnu le Tyran & le destructeur abominable.

Et pour comble d'iniustice & de desordre, on donne le nom de Parlement de Pontoise à trois Presidens, & dix ou douze Conseillers que l'on a chassez de Paris à cause qu'ils y trahissoient le Roy pour soustenir le Mazarin, & on interdit deux cens Senateurs incorruptibles & inuiolables, qui maintiennent & qui conservent l'authorité Royale, & qui ne peuuent souffrir qu'on renuerse l'Estat, qu'on mette le Royaume en proye ny qu'on abuse plus long-temps du nom, de la personne, & de l'authorité de sa Majesté. Ces faux freres, & ces Ministres infideles n'ont qu'vn ieune Roy oleué & mal-heureusement trompé, & ceux qui conseruent le Temple de la Iustice, la Capitale du Royaume, & le Throsne de sa Majesté, ont la Royauté toute entiere, & le lieu & le caractere de son authorité legitime; l'vn est immortel, & l'autre ne l'est point, on abuse vn enfant de quatorze ans qui n'entendit iamais de verité, & on ne peut surprendre vne sagesse ancienne, & des Loix qui n'ont point erré depuis treize cens ans. Vn grand Aduocat general du Parlement de Paris, rendant au Roy Henry IV. les graces qu'il deuoit, dit en la page 34. de son Remerciement, *qur c'est ce Royaume de qui l'Estat n'a iamais changé, & de qui les Loix fondamentales sont encore en vigueur & en honneur, comme elles estoient dés sa naissance;* on en veut dire de mesme aujourd'huy.

Nous n'ignorons point que pendant que les Anglois se rendirent maistres de Paris depuis le 29. May 1417. iusques au 13. Avril 1436. le Dauphin de France qui fut apres Charles VII. s'estant declaré Regent du Royaume pour la maladie de Charles VI. son pere, establit vn Parlement pendant ce temps-là à Poictiers, composé des Presidens & Conseillers qui s'estoient retirez de Paris, lequel y fut remis le 1. Décembre 1436. & reüny à ceux qui y estoient restez, apres neantmoins que ceux-cy eurent renouuellé le serment de fidelité au Roy; dequoy ne peuuent pas se dispenser ceux qui sont à Pontoise, si on leur fait iamais cette grace & cet honneur, pour auoir faussé celuy qu'ils doiuent à sa Majesté, à son lict de Iustice, & à la dignité de leurs Charges, pour suiure vn proscrit, & se prostituer à celuy-là mesme qu'ils ont condamné par leurs Arrests.

Nos Peres ont veu pendant la Ligue, le Parlement de Paris qui suiuoit le party du Roy se retirer à Tours en l'an 1590. parce qu'il appuyoit la Loy Salique, qui est fondamentale en cet Estat, & non pas ceux qui vouloient la corrompre & la violer, comme font les traistres & les perfides qui sont à la suite du Mazarin & de sa fortune aueugle & insolente.

Ceux qui ont parlé du Parlement, qu'vne mauuaise Regente & vn meschant fauory voulurent establir à Amiens enuiron l'an 1460. remarquent que les Ministres qui par voyes obliques ont aspiré à la Royauté, ou ont voulu troubler l'Estat, diuiser & partialiser les sujets du Roy, ont toûjours creu ne le pouuoir faire sans l'authorité des Parlemens; Et n'en pouuans auoir de leur costé, en ont estably dans les lieux où ils auoient toute puissance; Ce que Monstrelet tesmoigne escriuant, Que Iean Duc de Bourgogne ayant esté chassé de la ville de Paris (& non si honteusement que le Mazarin) & de la presence du Roy Charles VI. de l'authorité duquel il se targuoit pour fauoriser son entreprise contre la Maison d'Orleans, s'empara puis apres de plusieurs Villes, comme d'Amiens, Senlis, Montdidier, Pontoise, Corbeil, Chartres, Tours, Mente, Meulan, Beauuais & autres; & tout d'vne suite s'estant joint & vny auec la Reine Isabelle, il enuoya Philippe de Morvilliers dedans Amiens accompagné de quelques personnages notables, & d'vn Greffier, pour y faire sous le nom de la Reine vne Cour Souueraine de Iustice, au lieu du Parlement de Paris.

Il est assez facile d'appliquer ce desordre & cette rebellion, aux bouleuersemens & confusions que le Cardinal Mazarin suscite tous les iours à la ruine & à la desolation de l'Estat, ne sçachant imiter que les Tyrans qui l'ont precedé, & les maximes que nos Loix rejettent, & que nos Ordonnances condamnent. Et le projet que cét ignorant & malheureux Ministre fait de transferer dans Orleans les parjures & les sacrileges qui l'ont suiuy auec vn nom de Parlement qu'ils prostituent & qui ne leur appartient point, confirme de plus en plus sa mauuaise conduite, & le peu de capacité qu'il a de pouuoir gouuerner vn Royaume duquel il ne sçait & ne connoist l'vsage, les regles, ny les Loix, puis qu'il est constant entre nous, comme remarque Choppin, en son traitté du Domaine de la Couronne de France, *liu. 2. tit. 15. num. 15. Que le Parlement ne peut estre tenu dedans les terres & Seigneuries baillées en Apanage, de peur qu'elles ne semblent par ce moyen emporter les marques de Souueraineté, & qu'en cette façon la Couronne soit demembrée & despecée; Ce qu'il confirme par l'exemple de Louys XI. qui baillant à Titre d'Apanage à Charles son frere le Duché de Guyenne en l'an 1469. Le Parlement de Bourdeaux en fut soudain transferé à Poictiers, & y demeura l'espace de trois ans, tant que vescut Charles Duc de Guyenne Apanager. Ainsi la Cour de Parlement de Paris ne trouuant pas bon, de ce que François I. delaissa à Henry son fils la iouïssance de la Bretagne, auec le Parlement & la Chancellerie dudit païs, par lettres du 9. Feurier 1540. parce que les verifiant elle y adjouta cette clause, sans approbation des qualitez du Parlement & Chancellerie de Bretagne qui n'appartient qu'au Roy & à ses Officiers, par Arrest du 19. Auril 1540. Parce, dit Maistre Charles du Moulin, tit. 1. de mater. feod. §. 2. gloss. 4. in Verbo,* serment de feauté, *num. 17. que: Rex non potest in aliquo priuari jurisdictione Regia, quam debet in offensum, quia formalis virtus Regis est, jurisdictio, quae prorsus de se est inabdicalis à Rege manente Rege, nec est separabilis à Regia dignitate, siue sui veluti subjecti corruptione. Igitur sicut non potest Rex diuidere, nec corrumpere Regnum, ita nec aliquem de Regno à sua jurisdictione eximere, nec abdicare totam administrationem jurisdictionis seu potestatis Regia, etiam quoad aliquem locum, vel ad aliquam personam Regni.*

Section

SECTION III.

Que la puissance Royale en France a ses bornes, & son temperament, aussi bien que sa Iustice, & ses Ordonnances.

QVand tous les Politiques, & tous les flatteurs des Rois & Chrestiens, & Payens, disent que les Souuerains sont les Lieutenans de Dieu en terre, qu'ils sont son Image visible & naturelle, & qu'il n'y a rien icy bas qui represente plus naïfuement la Diuinité que la puissance Royale, qui est leur jargon & leur chançon ordinaire; Il ne faut pas estaller cette vieille phrase, & cette ancienne cajollerie, pour establir leur puissance Souueraine simplement & sans distinction quelconque, mais la iuste & la legitime seulement, puis qu'autrement ils n'ont plus rien de semblable à Dieu, qui n'est tel que par sa Iustice incorruptible & tousiours esgale sans exception de personnes, & pour l'amour incompatible & le soin paternel qu'il a des hommes, de leur salut, & de leur conseruation. Si bien que les Rois, ou ces prototipes de cette source de grandeur qui abusent du pouuoir emprunté de ses perfections, ne representent plus son amour ny sa Diuinité, mais l'ennemy de ses vertus & de ses bontez, qu'il est le Demon, lequel n'a de puissance que pour en abuser, ny d'authorité que pour oppresser ceux que Dieu veut punir, ou esprouuer.

Dauid Cythræus, tout Huguenot qu'il estoit, parlant de ces Lieutenans de Dieu en terre, des qualitez qui peuuent leur acquerir ce tiltre, & leur donner cette gloire, dit en sa Preface de la methode de lire l'Histoire qu'il desdie à Iule Duc de Brunsvic, que *Tales Principes eximia & singularia Dei dona sunt, qui non modo ordinem Politicum per se se instituit & seruat, verum etiam personas salutarium & felicium Gubernatorum, qui velut imagines & Vicarij Dei in terris, sapienter, iustè, & feliciter respublicas administrant & ornant, ipse excitat, adjuuat, & defendit; Gubernatio enim rerum publicarum est in manu Dei, qui dat bonos Magistra-*

I

tus ; Tous les plus sages & les plus reuerez de l'antiquité reglans ces Images de la Diuinité où tous les Princes aspirent, disent que ; *Bonus Princeps est Imago Dei regentis & exornantis, cum se ipsum similem Deo cultura reddit ; Est enim bonus Princeps, Minister & Vicarius Dei in terris, ut iuxta normam legis Dei, & alias suæ Reipublicæ leges honestas, regat subditorum mores ; Officium vero & opus Principis proprium est, legum custodia, & executio seuera ; Legum vero finis est Iustitia.*

Dieu mesme qui ne peut faillir, & duquel les Anges & les Rois releuent, n'agit & ne gouuerne les choses inferieures que pour leur propre vtilité, & iamais pour la sienne ; C'est pourquoy ce seroit vne espece de prodige, que ceux qui n'ont point d'autre droit pour estre obeis, que d'estre les Images visibles de ce Roy des Rois, se voulussent persuader qu'ils sont plus independans que luy, & qu'il n'y a rien qu'ils ne puissent & qui ne leur soit permis ; & partant qu'ils se peuuent impunément iouer de la vie & du sang des peuples, & que toute ame est tributaire à leurs passions desreglées, & à celles des fauoris qui abusent de leur authorité ; Qui est ignorer qu'il n'y a point d'Empire qui n'ait commencé par l'Election, comme l'Histoire ancienne, & la nostre mesme l'enseigne & le confirme ; Pour monstrer que ce ne sont pas les Rois qui ont fait les peuples, mais les sujets qui ont fait les Souuerains ausquels ils obeissent volontairement par vn amour & vn deuoir reciproque ; *Regalem potestatem, populi naturali perfusi lumine erexerunt,* dit vn fameux Theologien. Ce qui fait que l'obligation mutuelle de l'vn à l'autre est si saincte & si estroite, que si la Republique appartient à Cesar, Cesar appartient beaucoup plus à la Republique ; Ce que le peuple d'Israël sçeut bien representer à Dauid, luy disant, *Nos os, & caro tua sumus* ; Que le Royaume estant au Roy, le Roy est aussi au Royaume. Le Saint Esprit mesme enseignant, qu'il les tire & choisit du milieu de ses freres ; *Regem è medio fratrum tuorum* ; & non pas du milieu de ses Serfs & de ses Esclaues, pour en faire vn Tyran inconstant & desreglé.

Il est vray que les Rois sont absolus & tout puissans dans

leurs Estats pour ce qui est de l'execution, & non pas de la destruction de la Loy; & les bons aiment mieux que l'on dise qu'ils sont au dessus de leurs passions, qu'au dessus des Loix qui ne souffrent point d'alteration; Parce que s'il est auantageux de pouuoir tout faire, il est encore plus glorieux de ne vouloir que ce qui est iuste & raisonnable, d'autant dit Platon, que; *Tyrannicum est dicere Principem legibus esse solutum*; Ce qui est confirmé par Seneque qui sçauoit mieux que personne ce que peut, & ce que doit vn Souuerain, disant que; *Principi cui omnia licent, propter hoc ipsum multa non licent*; Qui est l'vnique moyen de regner auec toute sorte de puissance & d'amour, parce qu'il n'y a point d'esprit si rebelle qui ne reuere vne authorité qui fait que la raison commande, & chacun regarde auec amour le pouuoir qui ne s'esleue au dessus de luy que pour le proteger & pour le deffendre.

Monsieur Seruin Aduocat General au Parlement de Paris voulant instruire vn ieune Roy, & luy faire connoistre ce qu'il estoit & ce qu'il pouuoit, luy dit en la premiere Harangue qui luy fut faite lors que le Parlement le declara Maieur, le 2. Octobre 1614. seant en son lict de Iustice; *Nous croyons, Sire, que vostre Majesté ne tiendra point pour gens veritables ceux qui luy diront, que vostre puissance est si absolue; Que vous estes par dessus les Loix, & que vostre seule volonté doit estre tenuë pour regle. Il est vray que la puissance Royale, & la vostre mesmement entre tous les Rois Chrestiens est absoluë; Mais les Sages Rois ont accoustumé de dire, & de faire paroistre par bons effets, que le moins vouloir, est le plus pouuoir, & que c'est vne Loy digne du Prince, de se declarer lié aux Loix.* Et vn peu aprés. *C'est à vous, Sire, à faire obseruer vos Ordonnances, car ce n'est rien si elles ne sont executées, n'y ayant difference entre les Loix nulles, & les incertaines.* Ce qu'il semble auoir tiré de la Rethorique du Gouuerneur d'Alexandre le Grand, liu. 1. chap. 15. quand il dit que; *Non differt, vel nullas esse leges, vel non vti; quia quæ scripta est lex, lex non est, cum legis opus non faciat*; C'est pourquoy voulant remedier à cét abus il conclut en ce mesme endroit que; *Probatæ leges id maxime vetant, ne quis se legibus prudentiorem velit ostendere*; Parce, dit-il, au liure 3. de ses Politiques, chapitre 11. que; *Qui legem praeesse iubent, videntur iubere Deum praeesse & leges; Qui autem hominem iubet praeesse, adjungit & bestiam.*

Les peuples Estrangers loüoient autrefois le Gouuernement de la France, parce que la puissance Royale, disoient-ils, y est temperée par l'authorité des Parlemens, lesquels encore bien qu'ils tirent leur pouuoir de celuy que la Royauté leur communique, comme les Astres empruntent leur lumiere de celle du Soleil; Neantmoins on peut dire que de mesme que ces Astres ont vne lumiere qui leur est propre à cause que c'est vne qualité du Ciel; Les Parlemens aussi, & entre autres celuy de Paris, a vne authorité naturelle & non participée selon les Loix fondamentales de la Monarchie, soit à cause qu'il a vn establissement aussi ancien que celuy de la Royauté, & qu'il tient la place du Conseil des Princes & Barons qui de tout temps estoient prés la Personne des Rois, comme nés auec l'Estat; Soit que les Souuerains luy ayent confié comme en depost le soin & la conseruation des Loix, ausquelles ils ont bien voulu s'assuiettir eux-mesmes, à l'exemple de Dieu, qui dans la conduite de l'Vniuers, suiuant la pensée d'vn Pere de l'Eglise, a commandé vne seule fois pour obeir toûjours, comme nous le voyons ferme & constant en l'execution de sa parole & de ses commandemens qui ne changent point.

L'Histoire Romaine nous apprend, que la puissance des Empereurs ne seroit iamais montée au comble de violence où elle a esté, si la lascheté du Senat n'eut fortifié par sa nonchalance & son trop de complaisance le progrez de leur Tyrannie; Philippe luy fit ce reproche dans vne sienne Harangue que Saluste rapporte à la fin de son Histoire; *Vos mussantes, & retractantes, verbis & vatum Carminibus pacem optatis magis, quam defenditis: Neque intelligitis mollitia Decretorum vobis dignitatem, illi metum detrahi. Quibus illa placent, in armis sunt, vos in metu. Quousque cunctando rempublicam intutam patiemini? & verbis arma tentabitis? Si tanta torpedo animos oppressit, vt obliti scelerum Cinnæ, quid opus Decretis?* Le Parlement qui est aussi ancien que

que la Monarchie, & qui represente ses trois Estats, & le Roy mesme qui les confirme auec luy, doit prendre garde à cela, puis qu'il n'est estably que pour y tenir la main, & qu'il est l'vnique & le veritable depositaire des Loix fondamentales de l'Estat, qui l'obligent en conscience & par le deuoir de sa Charge, de renoncer plustost à sa dignité, comme il a voulu faire tant de fois, que de souffrir que ces Loix soient violées par qui que ce soit.

Et ne faut pas faire sonner si haut l'authorité d'vn Roy Majeur auant l'aage de quatorze ans, pour soustenir qu'il ne veut point d'autres bornes ny d'autres regles que sa volonté, ce qu'il tesmoigne dans ses Edicts & ses Patentes, qui s'acheuent & finissent tousiours par ces mots de Souuerain, CAR TEL EST NOSTRE PLAISIR. Nous sçauons que cette clause s'y trouue, & que ces paroles s'y lisent, mais nous n'ignorons pas aussi que c'est apres auoir fait vne ample deduction des causes & des motifs qui l'ont porté à faire cette Ordonnance, & qu'il est fait mention des Princes & des grands personnages de l'aduis desquels il s'est seruy pour la resoudre, & la faire garder comme vne Loy, outre que toutes ces clauses pompeuses, & ces mots remplis de faste & d'esclat n'ont aucune force ny aucun effet, qu'apres que le Parlement les a verifiées & registrées, & le plus souuent auec des modifications tres-considerables, & tres-contraires au dessein de leurs Autheurs. Vn grand Magistrat de nos jours n'a point apprehendé de dire & de prononcer dans sa Harangue de l'an 1648. en presence de son Altesse Royale, Oncle de sa Majesté, *Que nos Rois n'auoient retenu ces mots dans leurs Edicts, CAR TEL EST NOSTRE PLAISIR, que pour rendre leur domination plus venerable & plus misterieuse, & non pas pour ne point obeir à la raison, & ne prendre conseil de personne.* Les Empereurs Theodose & Valentinian se sont rendus glorieux dans la Iustice, & venerables dans l'affection des peuples, declarans par vn Edict particulier, *Que c'est vne chose digne à vn Roy, & qu'il n'y auoit rien de si releué en vn Souuerain, que de se soubsmettre aux Loix & aux Ordonnances de son Estat, & de*

K

son Empire, puis qu'il n'y a ny puissance ny authorité legitime que des Loix.

Bodin discourant du pouuoir de nos Rois, & monstrant comme il doit estre temperé & borné pour estre iuste & equitable, dit en sa Republique liure 4. chap. 6. *Qu'il n'y a chose qui ait plus destruit de Republiques, que de despouiller le Senat & des Magistrats de leur puissance ordinaire & legitime, pour attribuer tout à ceux qui ont la Souueraineté: Car d'autant que la puissance Souueraine est moindre, d'autant elle est plus asseurée, estant tres-certain que l'Estat ne peut faillir de prosperer, quand le Souuerain retient les poincts qui concernent sa Majesté, que le Senat garde son authorité, que les Magistrats exercent leur puissance, & que la Iustice a son cours ordinaire; autrement si ceux-là qui ont la Souueraineté veulent entreprendre sur la charge du Senat & des Magistrats, ils sont en danger de perdre la leur. Et ceux-là s'abusent bien qui pensent rehausser la puissance du Souuerain, quand ils luy monstrent ses griffes, & qu'ils luy font entendre que son vouloir, sa mine, son regard, doit estre comme vn Edict, vn Arrest, vne Loy, afin qu'il n'y ait personne de ses sujets qui entreprenne aucune connoissance qui ne soit par luy renuersée ou changée, comme faisoit le Tyran Caligula, qui ne vouloit pas mesme que les Iurisconsultes donnassent leur aduis, quand il dit, Faciam, vt nihil respondeant, nisi, Eccum, idest, æquum.*

Messire Claude Seyssel Euesque de Marseille, & Ambassadeur à Rome pour le Roy Louis XII. & François I. son successeur, dans son traitté de la grande Monarchie de France, qu'il desdie & presente à ce dernier, auec protestation dans son Epistre liminaire, qui est le prologue au Lecteur, *Qu'il n'escrit rien qu'il ne puisse prouuer par raison politique, par authoritez approuuées, & par exemples d'Histoires authentiques;* dit en la premiere partie de ce Liure approuué & recherché de tous les bons Magistrats, chap. 10. *Que les Parlemens de France ont esté principalement instituez à cette fin de refrener la Puissance absolue dont voudroient vser les Rois.* Et au chapitre suiuant, apres auoir monstré que l'authorité & puissance du Roy est reglée & refrenée en France par trois freins, qui sont la Religion, la Iustice & la Police, parlant du dernier, il dit,

Que le tiers frein qu'ont nos Rois est celuy de la Police, c'est à sçauoir de plusieurs Ordonnances qui ont esté faites par les Rois mesmes, & puis apres confirmées & approuuées de temps en temps, lesquelles tendent à la conseruation du Royaume en general & en particulier, & ont esté gardées par tel & si long-temps, que les Princes n'entreprennent point a'y deroger, & quand ils le voudroient faire (notate verba) L'ON N'OBEIT PAS A LEVR COMMANDEMENT. Adjoustant au chap. 12. qui suit, Qu'il y a plusieurs autres Loix & Ordonnances concernans le bien public du Royaume, qui sont en obseruance, dont ie ne veux parler pour esuiter prolixité, & m'est assez d'auoir declaré les trois freins susdits, & restreintifs de la puissance absolue des Rois, laquelle n'en est moindre pour cela, mais d'autant plus digne, qu'elle est mieux reglée : Et si elle estoit plus ample & plus absoluë, elle en seroit pire & plus imparfaite, tout ainsi que la puissance de Dieu n'est point iugée moindre, d'autant qu'il ne peut pecher ny mal faire, mais est d'autant plus parfaite, & sont les Rois d'autant plus à louer & priser de ce qu'ils veulent en si grande authorité & puissance, estre suiets à leurs propres Loix, & viure selon icelles, que s'ils pouuoient à leur volonté vser de puissance absolue, & si fait cette leur bonté & tolerance, que leur authorité Monarchique estant reglée par les moyens que dessus, participe aucunement de l'Aristocratique, qui la rend plus parfaite & plus accomplie, & encore plus ferme & perdurable. Tous nos Autheurs les plus celebres, & tous nos Politiques les plus intelligens sont de ce sentiment, qui est tenu pour regle & pour maxime inuiolable entre eux ; outre que l'vsage, & la façon de nostre gouuernement ne nous permet pas d'en douter aucunement, quoy que les flatteurs de la Cour puissent dire, & que les fauoris insolens osent entreprendre au contraire.

Vincentius Lupanus en son traitté des Officiers & Magistrats de France, parlant au Liure 2. du pouuoir & de l'authorité du Parlement, dit que, *Parlamenti tanta est apud francos authoritas, vt prope Senatus Romani speciem habeat. Regesque bellum suscepturi authorem fieri curiam velint, & in eius acta referri omnia ad Rempublicam pertinentia ; apud quam edicta recitantur, quorum nulla ratio prius habetur quam in supremo illo consessu pro-*

mulgata sint. Et Philippe Honoré en sa Relation du Royaume de France, dit que; *Neque Galli effrenatam, siue absolutam in Reges suos transtulerunt potestatem, sed certis legibus, & conditionibus optimè limitatam & circumscriptam, ne Tyrannidi locus daretur.*

Antoine Matarel Procureur general de la Reine, escriuant contre François Hotman, & l'accusant de ce qu'il abaisse trop dans sa Franco-Gallie, l'authorité souueraine de nos Rois, en luy despeignant quelle elle est, & comme elle s'exerce sur les sujets, dit au chap. 10. *Dicam tamen quod ipse Hotomanus de industria prætermisit, Reges nostros non omnia ex arbitrio facere;* Adioustant au feuillet suiuant, que; *Senatus quod Parlamentum vocant, est quid tertium & arbitrum, inter principem & populum.*

Le Docte Blacvod Conseiller au Presidial de Poictiers, & si zelé pour la Royauté, dans son Apologie pour les Rois, dit, chap. 35. que; *Galliæ Reges, ne quid audè, ne superbè, ne quid Tirannicè committerent, si quid grauioris momenti edicto indigeret, eius authorem ac fundum fieri parisiensem Senatum voluerunt; neque satis esse duxerunt aulicorum procerum suffragiorum probari, nisi in Augusto illo Tribunali promulgaretur. Cui non modo supplendæ legis aut corrigendæ, sed & regendæ potestatem contulerunt, si quid Reipublicæ damno, sancitum esse videretur. Quare Maiestatem suam Augustiorem fore temperamento supremæ ditionis, ne dum ex ea quidquam derogatum iri iudicabant.*

Et puisque le peuple n'a point d'autre mediateur ny d'autre protecteur que le Parlement, il est bien iuste qu'il prenne connoissance de ses interests & de ceux de l'Estat, puis qu'il le compose, afin de retarder les ruines & les miseres qui l'accablent, quand il ne peut les destourner ny les empescher entierement, estant certain que sans luy la tyrannie seroit dans son dernier periode, au lieu qu'elle est encore dans sa naissance. Monsieur le premier President de cet Auguste Senat tient ce mesme langage à la Reine Regente pour lors, dans la harangue qu'il luy fit au mois de Iuin 1648. faisant entendre à sa Majesté parmy sa Politique veritable, que, *Les*

Magistrats

Magistrats estoient les mediateurs entre les volontez des Princes, & les supplications des peuples, ou comme une barriere entre cette authorité independante, & cette extreme foiblesse, &c.

Emmius escriuant de la Republique des Laconiens, remarque que Licurgue en dressant leurs Loix; *Exorsus est ab ipso capite bene temperando, idest, potestate Regum moderanda & temperanda:* Et que pour cet effet, *Senatum Regibus apposuit, vt medius esset inter Regem & populum, & vtrosque citra limites officij retineret.*

Vn celebre Aduocat general de France, qui ne pouuoit ignorer la puissance de son Seigneur ny l'vtilité & la maiesté de cet Auguste Senat, dit en ses Recherches de la France, Liure 3. chap. 16. *Que nos Rois doiuent trois & quatre fois plus au Parlement de Paris, qu'à tous les autres ordres Politiques, & toutes & quantes fois que par opinions courtisantes ils se desuniront des sages Conseils & Remonstrances de ce grand Corps, autant de fois perdront-ils beaucoup du fond & estre ancien de leurs Maiestez, estant leur fortune liée auec cette Compagnie. Cuius fidei atque virtuti, fortuna ciuium, tutela Imperij, salus vrbium, Reipublica gloria debetur,* dit Vegece parlant du Senat de Rome. Et Dieu vueille que nous ne voyons pas trop tost l'accomplissement de cette Prophetie, comme nous en ressentons desia, & trop sensiblement, le mal-heur & le commencement.

SECTION IV.

Que le Roy estant sujet aux Loix fondamentales du Royaume, il ne peut les changer, alterer ny violer en façon que ce soit, ny par consequent interdire ny transferer le Parlement de Paris, pour estre, né & estably auec la Royauté.

PVis qu'il est si constant que l'establissement du Parlement de Paris est vne des Loix fondamentales de l'Estat, pour estre plustost né auec la Royauté, que non pas institué d'elle ny par elle, & que la puissance de nos Rois

L

a ses bornes & ses temperamens dés le moment qu'elle a esté admise & reconnuë des anciens Gaulois qui l'ont establie & reglée; Il est sans doute & sans difficulté qu'ils sont sujets & obligez aux Loix & Reglemens qui leur ont mis le Sceptre en main, & qu'ils ne peuuent plus les changer, alterer ny violer, qu'en renuersant l'ordre de l'Estat, & renonçant à ce qui a formé leur Throsne, & qui les a fait ce qu'ils sont.

Et pour monstrer que nos Peres n'ont rien fait qu'auec beaucoup de prudence, & beaucoup de iustice, & que ce n'est point desroger à la Royauté que de se soufmettre aux ordres qui l'appuyent, & qui l'ont fait naistre; Il ne faut que le sens commun pour demeurer d'accord, que si ces Loix sont tirées de la raison pour seruir de guide & de regle à ceux pour qui elles sont faites, comment ceux qui les reçoiuent & ceux qui les trouueront establies, pourront-ils se dispenser de leur obseruation, sans declarer qu'ils veulent estre sans ordre, sans police, sans justice & sans raison; qui est renoncer à l'humanité pour se mettre au rang des brutes, & par là se rendre indignes & incapables de gouuerner & de commander à des hommes qui nous croyent les plus sages & les plus iustes d'entre-eux, puis qu'ils nous reconnoissent pour Maistres, & pour Directeurs de leur gouuernement & de leurs personnes. Ce desreglement tesmoigneroit assez qu'on voudroit affecter la Tyrannie pour quitter la Royauté, & preferer vn Empire violent & insupportable, au naturel & legitime que l'on doit attendre d'vn Chef & d'vn Conducteur qui doit aimer ses sujets, s'il desire qu'ils l'aiment & qu'ils le reuerent, estant impossible de conseruer aucune affection pour celuy qui auroit pouuoir de n'estre pas iuste, ny pas mesme raisonnable.

De dire que les Loix ont leurs temps & leurs saisons, & qu'il est quelquefois aussi necessaire de les violer que de les obseruer; cela est bon lors qu'il s'agit de quelque interest particulier ou de quelque poinct de police d'vne Ville, ou d'vne Communauté seule; mais quand il y va du changement entier d'vn Estat, & qu'on veut esbranler les colomnes & ses fondemens les plus solides, pour ruiner au lieu d'edifier, c'est pour lors qu'elles ne peuuent estre alterées ny corrompuës par celuy qui s'y est sousmis, & qui n'a pris le gouuernail en main que pour les conseruer & empescher leur naufrage.

Quand les Iurisconsultes & Politiques peu Chrestiens, disent que les Rois peuuent tout, & que leur volonté est la regle de leur Iustice; *Illis quod libet, licet* : Ou au contraire ceux qui deffendent les peuples & qui condamnent la Tyrannie, soustiennent qu'ils sont sujets aux Loix de l'Estat, & responsables de leur mauuais gouuernement; Si les Autheurs de ces aduis contraires tomboient d'accord des noms, tres-assurément ils tomberoient d'accord aussi des effets, & de leurs opinions; Et si les vns & les autres ne confondoient selon leur haine ou leur inclination, le mot de Roy & celuy de Tyran, certainement ils seroient sans erreur, & sans diuision entr'-eux; puis qu'il est veritable que les bons Rois sont exempts des Loix, comme tous les justes & les innocens de leurs Estats, ce qui est de droit diuin & humain : *Quia lex justo non est posita*, dit l'Esprit de Dieu: Et à ces Rois vrais Peres du peuple *Licet, quod libet* : parce qu'ils ne veulent iamais rien que de saint & d'equitable, conformément à la Religion qu'ils professent, & aux Loix qu'ils protegent & qu'ils conseruent; ce que faisans ils sont tousiours Rois, tousiours Peres, tousiours Gouuerneurs, & tousiours Conseruateurs, c'est à dire, tousiours aimables, tousiours venerables, toûjours sans plaignans, & tousiours sans accusateurs; où au contraire ceux qui violent la Religion, qui mesprisent la pieté, qui haïssent la vertu, qui destruisent les Loix, qui ruinent la Iustice, & qui renuersent la Police, quittent le nom de Rois pour prendre celuy de Tyrans; Et par ainsi se rendans indignes de commander, ils se rendent indignes d'estre obeis, & se declarans ennemis de leurs sujets, ils renoncent à leur amitié & à leur obeissance; Si bien que les vns n'estans plus Rois, & les autres plus sujets, la confusion s'engendre, la haine chasse l'amour, la rebellion se forme, les esprits s'efchauffent, les hommes se rebellent, le desespoir fait tout entreprendre, & vn pauure suiet aime mieux mourir en deffendant sa patrie, sa femme & ses enfans, que de languir continuellement auec eux, non pas sous vn Roy, vn Commandant, vn Pere du peuple, mais sous vn Tyran, vn furieux, & vn haineur des hommes, & de la tranquillité qui les maintient.

Et ne faut pas traitter de seditieux ny de mauuais François ceux qui parlent de la iustice qu'on doit au peuple, du respect qu'on ne peut refuser à ses Magistrats, & de l'obligation que l'on a aux Loix fondamentales de l'Estat, sur lesquelles les Rois font serment quand ils sont sacrez & reconnus des peuples. Les Souuerains sont obligez de garder & obseruer les Loix qu'ils font, & qu'ils ont vne fois authorisées, à l'exemple de Dieu qui tout independant & Tout puissant qu'il est, veut neantmoins suiure & executer celles qu'il nous a données sans y rien innouer, ny alterer, ne nous demandant que l'obeissance, ens'obligeant à l'execution de ce qu'il nous a promis, voulant par sa Iustice infinie qu'elles soient reciproquement obligatoires entre luy & ses creatures, accomplissant de son costé ce qu'il nous a promis, en satisfaisant du nostre à ce qu'il nous ordonne, & qu'il demande de nous. Les Souuerains qui ne peuuent pas estre plus iustes, plus sages, plus grands ny plus jaloux de leur puissance & de leur authorité, peuuent-ils demander plus de pouuoir que le Roy des Rois, ny plus d'empire que celuy qui peut tout, si ce n'est l'iniustice & le desordre?

La Royauté est vne chose excellente de soy, mais son prix accroist merueilleusement, quand elle est maniée par vn Prince sage & vertueux. La conqueste des Royaumes & des Prouinces ne luy donne pas tant d'esclat ny de lustre, que celle des cœurs & des vertus, puis qu'elle n'est point establie pour conquerir, mais pour regir & gouuerner sainctement & iustement. La force des armes subiugue les Estats d'autruy, mais celle de la Iustice surmonte les affections de ses Citoyens. Au premier il faut quitter son Palais & son repos,

&

& combattre des hommes ; & au second il ne faut qu'entrer en soy-mesme, & faire la guerre aux desordres & aux imperfections. En celuy-là la Royauté triomphe, & en celuy-cy c'est le Roy qui se surmontant soy-mesme se donne pour butin & pour despouille à la vertu, laquelle le faisant regner sur ses passions, & destruire les vices de son Empire, le fait aimer & reuerer de ses suiets.

Seyssel, ce sage & vertueux Ministre d'Estat, monstrant à François I. comme il estoit sujet aux Loix fondamentales de son Royaume, dit en sa seconde partie de la Monarchie de France, chapitre 18. *Que le Roy & Monarque connoissant que par le moyen des Loix, Ordonnances, & louables coustumes de France concernans la Police, le Royaume est paruenu à telle gloire, grandeur, & puissance que l'on void, & se conserue & entretient en paix, prosperité, & reputation, Les doit garder & faire obseruer le plus qu'il peut, attendu mesmement qu'il est astreint par le serment qu'il fait à son Couronnement. Parquoy faisant le contraire, offence Dieu & blesse sa conscience, & s'acquiert la haine & maluueillance de son peuple, & outre ce affoiblit sa force, & par consequent diminue sa gloire & sa renommée.*

Bodin au liure premier de sa Republique, chap. 8. dit, *Que quand aux Loix qui concernent l'Estat du Royaume, & l'establissement d'iceluy, le Prince n'y peut desroger, parce qu'elles sont annexées & unies à la Couronne.*

Il se trouue dans les Registres de la Cour vne Remonstrance faite au Roy François I. le 24. Iuillet 1527. par Messire Charles Guillart President en icelle, qui luy parlant de la grandeur & Majesté de son Parlement de Paris dit, *Que du temps de Philippe le Bel par deliberation des Estats, fut ordonné & statué par Pragmatique Sanction, (ce sont les propres termes) Que la Cour de Parlement de France seroit à Paris & y resideroit.* Or, qui dit Pragmatique Sanction, pose vne Ordonnance solennellement faire par vn aduis & consentement general des Estats, pour en faire vne Loy fondamentale, inuiolable, & irreuocable, ce qu'estant ainsi comme on n'en peut pas douter, il est certain & asseuré, que le Roy y estant sujet & obligé, il ne peut les changer, alterer, ny violer. Et l'establissement pré-

M

mier & second du Parlement de Paris estant de cette nature, il est constant qu'il ne peut estre interdit, ny transferé, pour estre immuable de soy-mesme comme le temple de la Iustice, & par les Loix fondamentales & inuiolables de l'Estat. C'est pourquoy Henry V. Roy de France, & d'Angleterre, espousant Catherine de France sœur de Charles VI. luy fit serment en ce changement funeste, *de garder le Parlement en ses libertez, & souuerainetez, & de faire administrer la Iustice au Royaume selon les coustumes & droits d'icelles.* Voila les termes du Traitté fait auec luy à Troyes le 21. May 1420, pour le faire successeur de la Couronne de France. Estant bien iuste & bien raisonnable que nous reuerions l'Image & le souuenir de ceux qui ont ietté les premiers fondemens de la Iustice Françoise, & du plus grand Senat du monde.

Marculphe qui est vn de nos Autheurs les plus anciens, & quasi seul qui a parlé de nos vieilles façons d'agir, pose en ses formules, liu. 1. chap. 16. comme vne maxime receuë & pratiquée que; *Quem diuina pietas sublimat ad Regnum, condecet facta seruare parentum.* Vn grand Chancelier dont la France auroit bien besoin auiourd'huy, dit en ses Epistres Politiques, liu. 4. Epist. 17. que; *Definitam rem ab antiquo Rege, quam tamen constat rationabiliter esse decretam, nulla volumus ambiguitate titubare; quia decet firmum esse, quod commendatur probabili iussione; Cur enim priora quassemus vbi nihil est quod corrigere debeamus;* Parce, dit-il en l'Epistre 33. de ce mesme liure que; *Custodia legum, & reuerentia Priorum Principum, nostræ quoque testatur deuotionis exemplum.*

Zaleucus donnant des Loix à la Republique de Locre, ne voulut pas seulement qu'elles fussent obseruées & pratiquées de son viuant, mais encore par ceux qui viendroient apres luy, sçachant bien comme il est dangereux de changer & remuer les fondemens d'vn Estat; *Existimauit enim à legibus receptis leuiter recedere, & nouus inducere, id vere esse viam sternere ad rempublicam euertendam.* Le Iurisconsulte Vlpian est de cet aduis quand il dit, *leg. 2. ff. de constit. princip.* que; *In rebus nouis constituendis, euidens vtilitas esse debet, vt recedatur ab eo iure, quod diu æquum visum est.* Ce qui a fait dire au Maistre des Politiques, en ses discours sur Tite-Liue, *liu. 3. chap. 1.* Qu'il n'y a rien de plus necessaire en vn Royaume que de renouueller les Loix anciennes, & les ramener vers leur principe, pour luy rendre la reputation qu'il auoit au commencement de sa fondation, & s'estudier à ce qu'il y ait bonnes Ordonnances, & gens de bien qui les fassent obseruer; Qui est bien loin d'en conseiller la subuersion & le changement, comme font les mauuais & malheureux Politiques qui nous perdent & qui nous ruinent. N'exemptant pas nos Rois de cette religieuse obseruation, ayant dit auparauant, *liu. 1. chap. 16.* Qu'on ne vit en repos & seureté au Royaume de France, sinon au moyen des Loix qui y sont, lesquelles les Rois sont tenus de garder, & gardent sainctement. Tous les bons & prudens Politiques estans d'accord que, *Nulla necessitas quantacunque sit, obtendi potest, vt Imperator sub hoc pretextu leges Imperij, præsertim fundamentales, subuertere illi liberum sit; Hippolit. à lapide de ratio. status. part. 2. cap. 8. sect. 4.*

Salomon dans ses Prouerbes, *chap. 22. vers. 28.* a laissé cette leçon à tous les Rois ses successeurs disant; *Ne transgrediaris terminos antiquos, quos posuerunt patres tui.* Et Tacite qui n'a rien oublié de ce qui est d'vtile & de necessaire dans ses conseils, parlant du pouuoir absolu des Souuerains, veut qu'ils reuerent les Loix fondamentales de leurs Estats, quand il dit au liure 4. de son Histoire; *Vt meminerint temporum quibus nati sint, quam ciuitatis formam, patres atque instituerint;* Qu'ils se tiennent aux Loix originaires de leur Empire, & de ne rien changer ny alterer des regles qu'ils y trouuent establies, parce qu'ils n'en sont pas les maistres, mais les conseruateurs & les executeurs seulement.

Dauantage le Roy n'estant qu'vsufructier & administrateur du Royaume, par vne autre Loy fondamentale & inuiolable d'iceluy qui porte que, *Rex non censetur Dominus, seu proprietarius Regni sui, sed administrator;* N'estant que simple vsager du Domaine que la Couronne, & ses Peres luy ont laissé sans le pouuoir aliener, dequoy tous les ordres, & toutes les Compagnies Souueraines du Royaume demeurent d'accord; Il est bien certain quand il n'y auroit que cette seule raison, qu'il ne peut & ne doit changer, ny alterer l'ancien vsage d'iceluy, ny innouer les Loix Royales & fondamentales qu'il y trouue establies & receuës, lesquelles mesme il fait serment de garder, sans que iamais on ait pû les violer depuis tant de siecles qu'elles subsistent en leur entier auec la Monarchie; Et quand il le voudroit faire, dit Seyssel, au lieu sus allegué, *l'on n'obeit pas à ses commandemens*.

Charles V. surnommé le Sage, disoit ordinairement qu'il n'estoit qu'administrateur & vsufructier de son Royaume; Et que pour imiter l'Empereur Hadrian, il vouloit veritablement estre Roy chez soy, mais à condition qu'il sçauoit bien, que ce dont il iouïssoit n'estoit pas à luy en particulier, ains à la Republique, & à la Couronne qu'il portoit & gouuernoit. Et François I. voulant monstrer à l'Empereur Charles-Quint duquel il estoit prisonnier, qu'il ne vouloit rien faire contre les Loix fondamentales de la France, ny sans l'auis de son Parlement de Paris qui en est le conseruateur, luy declare; *Que les Loix fondamentales de son Royaume estoient, de ne rien entreprendre sans le consentement de ses Cours Souueraines, entre les mains desquelles residoit toute son authorité.*

Puis donc que nos Rois ne peuuent ny selon Dieu, ny selon les hommes contreuenir ny violer les Loix fondamentales de leur Estat, il faut par vne consequence infaillible & necessaire qu'ils soient obligez de les garder, entretenir, & obseruer, pour les laisser saines & entieres à leurs successeurs auec la Couronne, comme ils les ont trouuées, & qu'elles leur ont esté transmises & confiées; Ce qui est si constant dans le Royaume, que Monsieur l'Aduocat general Seruin plaidant en la grand' Chambre, le Ieudy 21. May 1620. dit; *Qu'entre les deuoirs des gens du Roy, il est principalement de leur Office de pouruoir à ce qu'on ne voye point arriuer, ce qui est appellé au liure d'Esther, & en la Prophetie de Daniel, le dommage du Roy; afin qu'iceluy Seigneur Roy ne reçoiue aucune diminution de ses droits, & à cette fin procurer l'entretenement des Loix Royales (qui sont les fondamentales) & maximes ordonnées & establies en tous les iustes Royaumes.* Adioûtant vn peu après; *Que la Cour de Parlement de Paris, est la conseruatrice*

seruatrice des Loix du Royaume, à quoy on ne peut opposer exception quelconque.

Loiseau, dont l'authorité n'est point à mespriser, non plus que sa doctrine solide & veritable, dit en son Traitté des Seigneuries, chap. 1. num. 7. 9. *Que la Souueraineté est attachée & reside en l'Estat, & se communique au Seigneur d'iceluy;* Après quoy il adiouste, *Qu'il y a trois sortes de Loix qui bornent la puissance du Souuerain, sans interesser la Souueraineté; les Loix de Dieu, les regles de Iustice naturelles & non positiues, estant le propre de la Seigneurie publique d'estre exercée par Iustice, & non pas à discretion, & finalement les Loix fondamentales de l'Estat, parce que le Prince doit vser de sa Souueraineté selon la propre nature, & en la forme & aux conditions qu'elle est establie*: Disant au chapitre 5. num. 61. *Qu'il faut confesser que c'a esté le Parlement qui nous a sauuez en France d'estre cantonnez & demembrez comme en Italie & en Allemagne, & qui a maintenu le Royaume en son entier, par le soin particulier qu'il a eu de conseruer les Loix Royales & fondamentales d'iceluy.* Et Chopin en son Latin du Domaine de France liure 2. chap. 1. num. 17. enseigne & pose pour maxime; *Leges in regni traditione dictas, esse seruandas.* Il n'y a que les ignorans qui en doutent, & les mauuais Ministres qui fassent le contraire.

SECTION V.

Que c'est prostituer l'authorité Royale & la rendre contemptible, de vouloir transferer le Parlement de Paris qui est sedentaire & immuable, dans vne bicoque ny ailleurs que dans la Capitale, & particulierement sans cause, sans suiet, sans pretexte, sans necessité, sans Edit verifié, & sans aucune formalité de iustice.

OVtre ce que nous auons rapporté cy-deuant pour faire voir & connoistre que le Parlement de Paris estant né auec la Royauté, que son establissement premier faisant vne Loy fondamentale de l'Estat, & qu'estant estably sedentaire dedans la Capitale, par le consentement des Rois, par l'adueu des trois Estats, par quatre cens ans de possession non interrompuë, & par vne Pragmatique-Sanction speciale pour cela. Il faut estre bien aueuglé ou bien ignorant des principes de la Politique, & des Loix de nostre France, pour douter encore qu'il ne peut estre interdit pour quelque cause ny pretexte que ce soit ny que ce puisse estre, non plus que transferé de la Capitale & du Palais de nos Rois, sans rendre leur lict de Iustice contemptible, & prostituer la grandeur & la maiesté de leur puissance & de leur authorité Souueraine.

Nous disons qu'il ne peut estre interdit ny transferé pour quoy que ce soit, parce qu'il ne peut iamais faillir en Corps, ny se rendre criminel en son entier, mais bien quelques particuliers d'iceluy qui peuuent estre repris & censurez seulement; autrement il faudroit que le Roy mesme qui en est le Chef, les Princes du Sang, les Ducs & Pairs, & tous les Officiers de la Couronne qui le composent, viennent à se trahir eux-mesmes, à se declarer coupables, à se faire leurs procez, & à se despoüiller d'vne authorité qui est aussi inseparable de leur caractere, qu'il est impossible de faire que nos Rois demeurent sans Iustice, & que ce Parlement n'en soit plus le lict ny le Throsne venerable, & incommutable. Et quand mesme on le pourroit, que non, il faudroit que cela se fit par les mesmes voyes qu'il a esté estably, & declaré sedentaire dedans Paris, c'est à dire, par la resolution libre des Estats generaux, conuoquez & legitimement tenus pour ce sujet, ou par vn consentement vnanime & volontaire de toute cette Compagnie, qui peut seule authoriser & verifier ce changement, qui ne peut arriuer qu'auec le bouleuersement de la Monarchie en general.

De plus, si ce grand Senat estoit transferé de Paris, comment nos Rois iroient-ils y tenir leur lict de Iustice? Et s'ils vouloient imiter l'equité & la pieté de leurs predecesseurs comme ils deuroient; comment iroient-ils deux ou trois fois la semaine y rendre la Iustice eux-mesmes & en personnes à leurs ſujets? Le pourroient-ils encore appeller leur Parlement ſimplement comme ils font, s'il eſtoit eſloigné de leur preſence & de leur Maieſté? Quand il faudroit faire vne Regence, declarer vn Roy Maieur, entreprendre la guerre, confirmer vn traitté de Paix, verifier tant d'Edicts & tant de Declarations le Roy ſeant en ſon lict de Iuſtice, faudroit-il que le Souuerain ſe rendit poſtulant & ſolliciteur pour l'aller chercher où il ſeroit transferé, tantoſt en vn lieu & tantoſt en vn autre contre l'ordre & la nature de ſon eſtabliſſement? Non, non, il n'en va pas ainſi, c'eſt ſe mocquer de Dieu & de la Iuſtice, & rendre ridicule la Maieſté du Roy. Ce Corps Illuſtre ne s'appelle point en vain le lict de Iuſtice de nos Rois, ce nom myſterieux luy eſt donné pour monſtrer que nos Monarques ne peuuent & ne doiuent l'eſloigner ny le quitter de veuë, non plus que celuy qui eſt dedans leur Chambre & deuant leurs yeux; celuy-cy pour y repoſer la nuict l'humanité du Roy, & l'autre plus noble & plus glorieux pour y exercer tout le iour l'excellence de la Royauté, rendant la Iuſtice doucemēt & tranquillement au peuple, & à ceux qui la demandent, comme faiſoient CharleMagne, Louis le Debonnaire, Saint Louis & les autres que noſtre hiſtoire remarque, autremēt il faut ceſſer d'eſtre Roy, comme repartit la bonne vieille à l'Empereur, qui luy dit qu'il n'auoit pas le temps de l'entendre. Et puiſque nos Rois n'en veulent pas prendre la peine auiourd'huy, & qu'ils ont eſtably cet Auguſte Parlement pour le faire pour eux, & comme s'ils y eſtoient preſens, s'en diſans les Chefs & les premiers Senateurs, y reſeruans leur place, & voulans que leurs Arreſts ſoient prononcez ſous leurs noms, auſſi bien que ſous leur authorité, quelle apparence qu'ils ſoient d'vn coſté & leur Iuſtice de l'autre? Qu'vn Chef ne ſoit pas à la teſte de ſa Compagnie? Qu'vn premier Preſident ſoit ſeparé des Conſeillers? Et que la teſte ſoit en vn endroit & les autres parties en vn autre? Qui eſt vouloir deſ-vnir l'ame d'auec le corps, arracher le Sceptre de la main du Roy, & le rendre la haine & l'auerſion de tous ſes ſujets, quand ils ſe verront sans Iustice, sans regle, sans maiesté & sans authorité legitime.

Apres que Dieu eut permis que son Arche d'Alliance fut portée deçà & delà à la suite des Rois d'Israël, il ordonna à Salomon le plus sage & le plus esclairé des Rois, de luy bastir vn Temple superbe, & de la rendre sedentaire dedans vn lieu sacré, où tout le monde viendroit luy rendre ses hommages aux jours qui seroient ordonnez, *Ædificans ædificani domum, & habitaculum tuum, firmissimum solium tuum in sempiternum; Regum lib.3. cap.8. vers.13.* Ainsi Philippe le Bel estant resolu d'aller en Flandres pour vn long-temps, voulant laisser à ses suiets l'Arche de sa Iustice qui auoit accoustumé de suiure les Rois ses predecesseurs, la rendit sedentaire, & ordonna qu'elle demeureroit à l'aduenir dedans sa Capitale, où tous ses sujets viendroient la recoгnoistre dans la necessité de leurs affaires, voulant que le Senat que nous voyons encore auiourd'huy en fut le gardien & le depositaire ordinaire, ce qui le fit appeller dés lors, *Statarius Senatus; firmissimum solium in sempiternum:* C'est pourquoy L'Abbé Suger parlant de l'entrée de Louis le Gros dans sa bonne ville de Paris, dit que; *Venit vrbem Parisius, quæ est Regni caput, & sedes Regia, vbi solebant Reges antiqui conuentum Prælatorum & principum euocare, ad tractandum super statu Ecclesiæ, & de Regni negotiis ordinandum:* Et Charles VI. parlant de la maiesté de ce grand Senat dans ses Ordonnances, art.164. dit; *Nostre Cour de Parlement qui est la Capitale & Souueraine Cour de nostre Royaume:* Si nos Rois mesme luy donnent le nom de Capitale, sans dire de Paris ny d'ailleurs, pourquoy l'arracher d'vne Ville qui semble ne porter le nom de Capitale qu'à cause de cette Illustre Compagnie, puisque nos Rois sont plus puissans & plus considerez par le Siege & le lict de leur Iustice, que par celuy de leurs personnes & de leur humanité.

Pour rauir cette Vierge de son Temple, & priuer Paris qui est le racourcy de toute la France, d'vn rayon de la Diuinité qui le protege & qui le conserue, il faloit du moins auoir quelque pretexte specieux, faute d'vn sujet assez considerable

pour

pour l'entreprendre. Si Charles VII. & Henry IV. qui n'estoient point reconnus par tous les Prestres & les Ministres de cette Deesse, n'ont pas entrepris de les interdire ny de les transferer : Quelle raison peuuent auoir les pipeurs & les suborneurs d'vn Roy de quatorze ans, pour appliquer son sein & son image à vn sacrilege & vn attentat, que sa Iustice & sa Religion condamnera quelque jour, quand sa prudence & son experience luy permettront d'agir, & de connoistre les mauuais conseils qu'on luy donne ?

Quand Trajan eut condamné à la mort la fille de Sejan, voulant plustost conseruer la Loy, que l'equité qui en est l'ame & la substance, il ordonna qu'elle seroit deflorée par le bourreau au milieu des appareils de son supplice, afin que le priuilege des Vierges qui deffendoit cette innocente, ne fut point violé en conseruant la chasteté qui l'exemptoit de mourir ; *Quæ iuxta laqueum à carnifice compressa est, quod Triumvirali supplicio virginem affici inauditum esset.* Tacit. lib. 6. Annal. & Sueton. in Tiberio, cap. 61. On veut sacrifier les Dieux tutelaires de la France à son mauuais Genie, & parce qu'ils n'ont pas failly & qu'ils sont encore dans leur premiere pureté, on les force, on tâsche de les corrompre, on les souille d'iniures & d'accusations, on veut les liurer & les prostituer à leur propre bourreau, & pour frauder la Loy on s'efforce de les punir pour vn crime qu'ils condamnent, & qu'ils desaduouent en leurs faux freres, & en ceux qui meritent la peine qu'ils authorisent & qu'ils ordonnent contre eux.

Il y a grande apparence que le Cardinal Mazarin fait tout ce qu'il peut pour nous asseruir à l'ancienne Tyrannie de son païs, & qu'il veut que nous pratiquions ce que Iustin raconte du liure quatriesme de son Histoire, que les Sipihens les compatriots portoient tant de respect à leur Roy estant encore en bas aage, qu'ils ne refuserent pas d'obeïr à vn esclaue sous la Regence duquel Anaxilaus son pere l'auoit mis. Et parce que ce proscrit est Maistre de nostre Roy, & qu'il abuse de son nom & de son authorité, il faut que nous nous soubmettions aueuglément à son insolence, permettre qu'il

O

destruise les Iuges qui luy ont fait son procez, & consentir qu'il perde les peuples qui ne peuuent plus souffrir la violence de son gouuernement ny les desordres & les bassesses qui le suiuent & qui l'accompagnent. Si Tacite parlant de Felix Procureur de Iudée, dit, hist. lib. 5. cap. 2. que, *Per omnem scientiam & libidinem ius Regium seruili ingenio exercuit*: Il n'y a aujourd'huy plus de Crocheteurs, ny plus de Païsans qui ne descouurent & qui ne publient, que iamais l'authorité Royale ne fut plus auilie, & que iamais Ministre quelque ignorant qu'il soit, ne l'a tant abaissée ny tant prostituée, que le mal-heureux banny qui seroit plus capable de gouuerner des Saltin-bancques, ou quelque fameux Serrail, que non pas vn grand Estat où les moindres Officiers en sçauent plus que luy.

Ce ne sont point les Senateurs qui sont restez à Paris dedans le lieu de leurs Majeurs, & dessus le Throsne immuable de nos Rois, qu'il faut traitter d'interdits & de rebelles, ce sont les sacrileges & les pariures qui ont faussé leur serment, & renoncé à la grandeur de leurs Charges, qui meritent qu'on les baptise de ces noms odieux & criminels, puisque Dieu par la bouche de Salomon, deffend de suiure & de s'attacher aux ennemis de l'Estat, & aux perturbateurs du repos public, qu'il qualifie du nom de rebelles, *Fili mi, time Dominum & Regem, nec cum rebellibus te commisceto*, Prouerb. cap. 24. vers. 21. 22. Rebelles en cet endroit estant expliqué par tous les Interpretes les plus sçauans qui suiuent la version Hebraïque, pour ceux qui violent les Loix fondamentales de l'Estat, & les maximes anciennes de la Monarchie, *Rebelles, hic Hebraicè dicuntur, Mutantes, nempe leges & statum Regni*.

Ceux qui pretendent faire vn Parlement à Pontoise des excremens & des parties honteuses de celuy de Paris qu'ils ont abandonné si laschement, font comme Homere qui donne deux licts & deux sources au Scamandre. Ces fictions sont belles, mais elles n'ont ny fondement ny justice ; l'vnité ne se diuise point, & le Throsne de nos Rois ne se peut qu'affoiblir en se partageant ; Et si vne fois on le peut mouuoir &

ébranler, on pourra à la fin le transporter & le renuerser. Et puisque nous auons commencé nostre Métaphore par l'Arche d'Alliance, il l'a faut acheuer par cette mesme comparaison, & prier le Tout-puissant d'inspirer aux Ministres qui corrompent & qui prophanent le Conseil de nostre jeune Roy, de dire auec l'Esprit de Dieu; *Regum lib. 1. cap. 5. vers. 7. 11. Non maneat area Dei Israel apud nos, quoniam dura est manus eius super nos, & super Dagon Deum nostrum*; Non, non, il ne faut point abuser plus long-temps de cette Arche sacrée, ny violer dauantage le Temple de Iustice, puisque nous experimentons si sensiblement les ruines & les mal-heurs qui nous accablent pour cela, & nostre Idole Mazarine; *Dimitte Arcam Dei Israel, & reuertatur in locum suum, vt non interficiat nos cum populo nostro*; Si nous voulons prosperer & rendre heureux le Regne de nostre Souuerain, il faut la laisser à ceux qui l'ont en charge, & ne point l'arracher du Temple qui luy est consacré, crainte que le Tout-puissant ne fasse paroistre sa Iustice lors que nous la violons, & qu'il ne nous punisse lors que nous la mesprisons si temerairement; La perte de Troyes commença par la ruine de ses Magistrats;

Peritura Troia, perdidit primum Deos.

SECTION VI.

Combien cette entreprise est dommageable à l'Estat, contraire au bien public, & honteuse au nom du Roy.

IL ne faut qu'vn adueu de l'experience des choses que nous voyons, & vne confession qui est plus generale que particuliere, & plus publique que cachée, pour connoistre & considerer que iamais les affaires de cet Estat n'ont esté desesperées, & n'ont veu le comble de leur confusion, que quand nos Rois ont quitté leur lict de Iustice, & qu'ils ont souffert que leurs Ministres ou leurs fauoris le violent & le renuersent. Celuy rencontra fort bien qui dit, que l'armée d'Alexandre apres son deceds, estoit comme vn grand Ciclope que descrit Homere, lequel apres auoir perdu l'œil qui le conduisoit, donna du nez en terre, & ne se releua plus. Paris qui est le plus grand Corps & le plus puissant du Royaume, a besoin de cet œil de Iustice qu'il conserue sur vn des Sceptres de la Royauté dedans son Parlement, & si on luy arrache vne fois, tres-asseurément il demeurera sans conduite, il tombera en ruine, il s'accablera soy-mesme, & nous verrons bien-tost la Capitale des Gaules, le seiour de nos Rois, le siege de l'Empire, l'abbregé de la France, l'ornement de la Chrestienté, l'honneur de l'Europe, & par vne suite necessaire la Monarchie Françoise en son premier neant, puis qu'on destruit sa baze, qu'on brise ses colomnes, & qu'on renuerse son appuy. Apres cela, plus de iustice, ny plus d'obeissance ; plus d'obeissance, plus de sujets ; plus de sujets, plus de Roy ; plus de Roy, ny de Magistrats, desordre & confusion par tout.

Nous sçauons que la guerre a ses Loix aussi bien que la paix, mais nous sçauons aussi que celle qui pour l'ordinaire estouffe la iustice ne sçauroit se maintenir long-temps sans la iustice mesme. *Quia confundi non debent iura, Imperante iustitia*, dit vn grand Chancelier de l'antiquité, qui est Cassiodore en ses Epistres, liu. 3. Epist. 43. Nous voyons en l'ordre de la nature, qu'encore que la corruption soit bien souuent la cause de la production des choses, toutesfois elle ne les conserue pas, mais plustost elle ruine & destruit ce qu'elle auoit fait naistre ; ainsi quand vn Estat a pris sa naissance de l'iniustice, ce n'est pas d'elle, mais de la iustice seule qu'il doit attendre son progrez & sa conseruation. C'est pourquoy Plutarque en la comparaison qu'il fait de Licurgue auec Numa, dit que, *C'est vne belle chose qu'acquerir vn Royaume par Iustice, mais que c'est vne plus belle chose encore que de preferer la Iustice à vn Royaume*.

Il y a treize cens ans que nos Rois combattent, & que le Parlement resiste pour empescher qu'on ne donne atteinte aux Loix fondamentales de cet Estat, & à la Iustice qui les conserue

conserue & qui les a fait naistre, & auiourd'huy nous voyons sous le Regne d'vn Dieu-donné, d'vn successeur de Louis le Iuste, & d'vn ieune Roy qui ne peut encore pecher, cinq ou six proscrits & de nos terres & de leurs patries, entrer dans les Conseils de sa Majesté, pour en bannir la Iustice, en chasser les Ministres naturels & legitimes, & y faire regner le desordre & la confusion qu'ils ont semée dans leurs Estats, parce qu'ils ignorent les Loix de la France, & qu'ils ne peuuent auoir d'affection pour vn Royaume qu'ils tiennent pour ennemy, & qu'ils attaquent quand ils peuuent lors qu'ils sont chez eux, & qu'ils ne trouuent plus d'azile auprés de nous. Le Roy d'Angleterre qui y preside, ou doit presider par le droit de sa naissance, void ses sujets rebelles qui triomphent de nostre Armée Nauale, qui sont maistres de tous nos vaisseaux de guerre, & qui sont aux portes de nos Villes les plus importantes, pour voir si leur Souuerain continuera de leur liurer la France pour se reconcilier auec eux, & se mettre plus facilement en possession de ce Royaume qu'il pretend, & dont il porte le nom, encore qu'il ne luy appartienne point, ce qui tire des larmes de sang de tous les bons François. Le Prince Thomas qui est le plus puissant & le plus fidelle pensionnaire du Roy d'Espagne, a si bien cabalé & trompé le Conseil, qu'il a fait prendre à son Maistre, qui est nostre ennemy iuré, Dunkerque qui vaut vn Royaume, & Barcelone qui nous couste tant d'hommes & tant de millions d'or : Nous auons ses trouppes dans tous nos ports de mer, nous les souffrons dans toutes nos Frontieres, & nous les voyons à deux lieües de nostre Capitale, parce que le Conseil du Roy est à luy, & qu'on aime mieux bouleuerser toute la France, & sacrifier cent millions de sujets innocens, que d'esloigner vn mal-heureux Italien qui abuse vne femme, qui trompe vn ieune Roy, & qui remplit son Conseil d'Estrangers comme luy, & de nos ennemis comme il est. Et parce que nous n'auons plus que l'innocence & la justice pour nous, on nous en veut priuer en transferant le Parlement, & on veut que nous deuenions criminels en

P

nous esgorgeans les vns les autres, à cause qu'il le faudra faire tres-asseurément, quand Paris sera sans Iuges, & que tant d'esprits differens qui le composent seront sans Magistrats; qui est vne tyrannie, & vne cruauté inoüye dans toute l'Antiquité, & que les Rois les plus inhumains & les plus barbares n'ont jamais pratiquée, puis qu'il est si constant, que, *Ipsi Tyranni Iustitiam non propter seipsam, sed propter seipsos colere coacti sunt*, comme remarque nostre incomparable Bodin, au chapitre 6. de sa Methode de lire l'Histoire.

La Iustice est libre & non captiue, c'est elle qui regle tout, & qui ne reçoit la Loy de personne, *Per me Reges regnant*, Les bons Rois laissent aux Iuges l'entiere execution de leurs Ordonnances, & veulent que leurs Arrests ne soient en rien gehennez, autrement ils ne seroient plus Decisions ny Iugemens. Philippe de Valois en l'an 1344. & François I. en 1535. ordonnerent que ceux qui tiendroient leur Parlement ne souffrissent point qu'on les vituperast par paroles outrageuses, parce, disoient-ils, *Qu'ils representent nostre personne en tenant nostre Parlement*; Estant certain qu'ils participent en toute façon à la Souueraineté, puis qu'ils sont partie du Souuerain, & qu'ils ne sont pas moins grands que celuy dont ils sont d'organe, & l'image vnique & veritable. Louis XI. confirme cette verité non contestée, quand il dit dans son Ordonnance de 1467. *Qu'ils sont parties essentielles de la chose publique, & membres du Corps dont il est le Chef*, suiuant la Loy celebre de cet Empereur Romain, qui declare que, *Pars Corporis nostri sunt*, qu'ils sont les plus belles parties de son Corps.

Et apres cela les traitter de rebelles, de factieux, & les vouloir contraindre de quitter le Throsne de nos Rois, & le Temple de la Iustice pour suiure douze traistres, douze perfides, douze sacrileges, douze aboyeurs de Benefices, ou d'autres corruptions de la Cour, c'est vouloir prostituer l'authorité du Roy, affoiblir sa Iustice, briser son Throsne, le rendre contemptible, des-honorer sa Majesté, & en vn mot renuerser l'Estat, & tous ses fondemens, puisque comme dit

Tacite; *Ita rerum compage, conuelli sine conuellentium ruina non potest*, nous nous en voyons à la veille, Dieu veuille en retarder l'effet.

SECTION VII. Et dernière.

Que ceux qui fomentent & qui favorisent des Conseils si tyranniques, & si pernicieux à l'Estat, sont criminels de leze-Majesté Divine & humaine.

Ceux qui conseillent à nostre jeune Roy, & qui surprennent la Reine sa Mere pour luy persuader plus facilement de tirer son Parlement de Paris, & de laisser cette grande Ville, ou plustost ce monde racourcy, sans Iustice, sans Gouuerneurs, sans Police, & sans Magistrats; Ce sont gens qui tres-asseurément sont payez pour mettre fin à la Monarchie Françoise, ou des desesperez qui ont juré sa ruine, parce qu'elle s'oppose à leur tyrannie, & qu'elle ne peut plus souffrir la domination de tant d'Estrangers, qui repugnent à son humeur, & qui blessent les Loix fondamentales de l'Estat qui deffendent de les admettre, & de les reconnoistre. Ces malheureux Ministres, dis-je, qui n'ont plus d'autre pensée que d'eclypser le Parlement de Paris, afin que leurs crimes & leurs maluersations n'en soient plus éclairées & descouuertes, sont d'vn sentiment bien contraire à celuy du grand Charles-Quint, qui donnant vn dernier conseil à son fils Philippe II. pour regner saintemēt & heureusement, luy ordonne, que ne pouuant estre par toutes les Villes, ny les Prouinces les plus importantes de ses Estats, il fit en sorte qu'il y fut tousiours veu par son authorité & sa Iustice, la déposant entre les mains de personnes de si grande integrité & vertu, que ses sujets n'eussent occasion de regretter son absence & son esloignement.

Tous nos Souuerains remplis de sagesse & d'experience ont suiuy cet aduis, leurs Ministres des plus violens n'ont iamais osé tenter le contraire, & faut qu'apres treize cens ans, & soixante cinq Rois Majeurs & agiſſans d'eux-meſmes, vn Italien proſcript, & vn Cardinal ſans Lettres & ſans Religion, ſecondé de cinq ou ſix Eſtrangers tous ennemis de la Nation Françoiſe, entreprenne pour vne ſeconde fois de renuerſer le lict de Iuſtice de nos Rois, & d'interdire les Senateurs qui le conſeruent depuis tant de temps, à cauſe qu'ils luy ont fait ſon procez par ordre de ſa Majeſté, & qu'ils ne veulent pas violer leurs conſciences, ny les Loix fondamentales de l'Eſtat pour ſe ſouſmettre à vn criminel qui les oppreſſe, & qui ruine toute la France.

Pour ſe charger du Gouuernement d'vn grand Royaume, il en faut connoiſtre les Loix & les Couſtumes, & ſi nos Miniſtres pretendus les ſçauent, ils y trouueront leur condamnation. Monſieur l'Aduocat General Talon leur ayant fait entendre dans vne de ſes Harangues au mois de Septembre 1648. *Que c'eſt ſeruir contre ſoy-meſme, & perdre le titre de Citoyen, que d'aller contre les Loix fondamentales de l'Eſtat*; Ce qui eſt conforme à ce qu'vn de nos plus fameux Politiques eſcrit, que; *Vbi leges Regnorum ſunt fundamentales & certæ, & conſuetudines antiquæ, crimen Majeſtatis eſſe opinor contra illas diſputare.* C'eſt Gregoire en ſa Republique, liu. 7. chap. 10. num. 1. vn Chancelier ſans reproche ayant donné cét aduertiſſement il y a tres long-temps que; *Confundi ſine dubio deſiderauerunt omnia, qui tentauerunt legibus inimica*; Caſſiod. epiſt. lib. 5. epiſt. 32.

Eſtant certain que ceux qui taſchent de diuiſer le Chef d'auec ſes Membres, & de deſ-vnir le Roy d'auec ſon Parlement, faire diuorce entre luy & ſon lict de Iuſtice, & peruertir l'ordre des choſes & les fondemens de la Monarchie, ſont mauuais François, & des ſujets coupables, auſſi bien qu'infidelles; Ce n'eſt point aimer le Roy ny ſon peuple, que d'entretenir la haine & la diuiſion entre eux; Parmy des Chreſtiens, & dans le Royaume du fils aiſné de l'Egliſe, vn vray Seigneur n'eſt pas Seigneur, mais Pere & protecteur; Le nom de Seigneur eſt vn mot de puiſſance & de rigueur, mais celuy de Pere eſt vn nom d'amour & de pieté. Auguſte

au

au lieu de la qualité de Seigneur, prist celle de Pere de la Patrie, nostre Louys XIII en fit autant, ce qui rend sa memoire aimable & venerable dedans nos souuenirs. Les Romains n'ont jamais triomphé dans les batailles ciuiles, quoy que victorieux; Ces victoires ont plus de honte que de gloire, & plus de larmes que de plaisirs. Ce ne sont point victoires, ce sont fratricides & cruautez abominables; Hortense se glorifioit de n'auoir iamais esté souillé du sang de ses Citoyens. Cesar en la bataille de Pharsale, se resouuenant de sa clemence ordinaire, commanda à ses soldats de pardonner aux Citoyens, & de tuer tous les Estrangers. Brutus en ses Epistres dit, qu'il est beaucoup plus honneste & plus expedient d'empescher le cours des guerres Ciuiles, que d'exercer sa colere sur des Citoyens vaincus. L'on tenoit à Rome, qu'il estoit plus profitable à la Republique de garder vn Citoyen, que de tuer cent ennemis, & ne s'y trouuent point de recompenses si grandes ny si honorables, que celles qui se donnoient pour vn Citoyen sauué & conserué; Parce qu'outre la Couronne qui portoit auec elle les fleurs d'vn renom immortel, celuy qui auoit gardé vn Citoyen, venant au Senat y auoit seance; S'il venoit au Theatre, il y auoit place, & chacun se leuoit deuant luy pour faire honneur, & outre cela il estoit exempt de tailles & de contributions, auec son Pere, & son Ayeul paternel pour cette seule consideration. Le Donjon mesme du Palais de l'Empereur, qui estoit l'appartement où il logeoit, estoit couronné de branche de Chesne; *ob ciues seruatos.* Pour donner à entendre que les Rois doiuent estre Pasteurs & conseruateurs de leurs peuples & de leurs sujets. Estant certain qu'on ne sçauroit tirer aucun auantage de ses propres ruines, & qu'il est monstrueux en toute sorte de façon, qu'vn jeune Roy commence à marquer la premiere année de son Regne, & de sa Majorité, par le carnage & le massacre de ses propres sujets, sans qu'on puisse les accuser d'autre chose sinon qu'ils sont nés François & innocens; *Cædibus suorum surgit Rex Imperaturus, & à suppliciis Regnum auspicatur, eam tantum ob causam, quia sui sunt,* disoit Firmicus.

Q

Et ne faut pas dire que le Roy ne doit rien relascher en faueur de ses sujets, & qu'il faut qu'il tranche du Souuerain par tout; Ces maximes sont tyranniques, & ces conseils n'ont rien d'humain, ny de Royal, les plus prudens & les plus religieux Politiques ayans tousiours aduoüé que ce n'est point desroger à la Souueraineté que de traitter auec des sujets qui nous implorent, & qui meurent d'amour pour nous. Vn sçauant Politique du dernier siecle, traittant cette question, qui n'est que le pretexte des Ministres qui ne voulet point de paix; *Assero*, dit-il, *nullam Principi iniuriam fieri, si ad officium compellatur.* Il n'y a point de chemin qui ne soit honneste & honorable quand il nous porte à la Iustice; Le bon sang qui s'eschauffe en s'esmouuant, se remet facilement en son premier temperament quand le sujet de ce desreglement cesse. Seneque parlant de la bonté d'Auguste qui pardonna à tous ceux qui auoiet porté les armes contre luy, dit, *s'il ne leur eut pardonné, à qui eut il commandé?* Et par cette douceur il se concilia toutes les plus nobles familles de Rome, lesquelles il eut perdues par la rigueur de ses armes & de son authorité. Estant certain que les membres renoüez tiennent ordinairement plus fort que les autres, parce que la nature desirant reparer vne rupture, y apporte tant de secours & tant de soulagement, qu'il s'y fait ordinairement vn gros cal qui fortifie la partie beaucoup dauantage qu'elle n'estoit auparauant. Les orfevres font tousiours leur souldure meilleure & plus ferme, que n'est pas l'ouurage & la besongne principale.

Le feu Roy Louys XIII. l'a fait trente fois auec son Altesse Royale, le Duc de Boüillon, & tant d'autres qui seroient trop long de rapporter. Il y a peu de Villes considerables dans le Royaume, auec lesquelles le plus grand & le plus prudent de nos Rois Henry IV. n'ait traitté particulierement. Le Pere Ioseph de Morlay Capucin, ou selon d'autres le Pere Vialart, maintenant Euesque de .... qui a donné l'Histoire du Ministere du Cardinal de Richelieu, rapportant les articles de paix accordez aux Rochelois au mois de Fevrier 1626. dit dans la Reflexion Politique qu'il fait sur iceux, tom. 1.

page 179.180. de l'impression de Paris, in folio, 1650. *Qu'encore que la reuolte des sujets force le Prince a en faire vn chastiment exemplaire, si est-ce que la prudence l'oblige à dissimuler, & mesme à leur donner la paix, lors qu'il y a sujet de craindre vn plus grand mal d'vne nouuelle reuolte, dont les flammes s'vnissans auec celles de la premiere, soient capables de mettre tout son Estat en combustion. Ce ne sera point foiblesse de cœur, mais la necessité à qui les Dieux mesmes obeïssent, disoit vn ancien, qui le fera flechir. Ce n'est pas vn deffaut de craindre lors qu'il y en a sujet, mais grande prudence, & vne vertu sans laquelle on ne peut jouïr long-temps d'vne heureuse prosperité dans les armes.* Puis finissant cette reflexion il adjoûte, *Qu'vn Sage Ministre* (duquel il nous trace le portrait) *doit bien plustost porter son Maistre à s'accommoder dans ces occurrences, qu'a mettre l'Estat dans vn peril eminent, en s'opiniastrant dans la resolution de chastier par les armes des reuoltez qui sont sur le point d'auoir vn puissant secours, auec lequel ils mettront en balance le succez de la guerre.* Voila l'aduis Chrestien de l'vn ou de l'autre de ces bons Peres Politiques.

Si l'infidele qui pour s'exempter de la foy qu'il doit à son employ, dit qu'il ne faut pas qu'vn Ministre d'Estat *soit esclaue de ses paroles*, auoit entretenu le traitté que le Roy fit auec le Parlement & la Ville de Paris, à saint Germain en Laye, au mois de Mars 1649. pour faire cesser des mouuemens beaucoup moins dangereux que ceux que nous voyons, & dont il est cause, il n'en faudroit point d'autres aujourd'huy, parce que toutes choses seroient calmes, & que nous joüirions du repos & de la tranquillité que sa mauuaise conduite, & son gouuernement tyrannique nous dérobent & nous rauissent. C'est pourquoy, puis qu'il en faut vn second plus ferme & plus cimenté, & que les peuples ne demandent que le retour du Roy dedans sa Capitale, & les moyens de luy pouuoir rendre leurs respects & leurs obeïssances, il y a bien de la surprise & bien de la malice de le tant differer, & de vouloir qu'il soit tel que le Mazarin qui est la pierre d'achoppement le dressera, & qu'il soit verifié par les faux freres du Parlemēt de Paris qu'il entretient à Pontoise expressément pour cela, comme ils ont desja fait son abolition & son Amnistie, apres l'auoir jugé & condamné en connoissance de cause toutes les Chambres assemblées à Paris, au lieu de leurs Majeurs.

Que si nos Rois & nos Parlemens souffrent qu'on rende la Iustice de la sorte, & qu'on prostitue si laschement & si honteusement leur authorité Souueraine; Adieu la Majesté de ce grand Senat, adieu le lict de Iustice qu'il conserue, adieu le nom de Cour des Ducs & Pairs, adieu l'honneur de la France, adieu la gloire de l'Europe, adieu les fondemens de l'Estat, adieu tout ce qu'il y a de sainct & de sacré dans le Royaume; *Cecidit Corona capitis nostri*, dit Ieremie en ses Lamentations, cap. 5. vers. 16. il n'y a plus rien de beau pour nous, nostre Couronne est flestrie, elle tombe piece à piece, & s'en va de dessus nostre teste, puis que douze Conseillers acheptez à pris d'argent par vn fauory qui voudra tout violer, le suiuront où il ordonnera, se rendront esclaues ambulatoires, donneront des Arrests plustost dressez que deliberez, & verifieront tels Edicts, & telles Declarations qu'il luy plaira, sans pouuoir, sans Caractere, sans estre dedans le lieu de leurs Maieurs où ils prennent leur force & leur vigueur, & contre les Loix fondamentales de l'Estat; Qui est mettre la Monarchie en proye, les suiets à l'abandon, leurs biens au pillage, & les plus gens de bien à la mercy d'vne poignée de traistres, & de perfides, qui par ainsi feront la loy à tout le reste du Royaume, & fouleront aux pieds toutes les Compagnies Souueraines qui le maintiennent & qui le conseruent.

Cette malheureuse entreprise, & cette defection honteuse, est d'vne consequence bien plus perilleuse & plus dangereuse mille fois, que l'establissement des Commissaires que l'on a tant & si long-temps combattu, puis que ces noms redoutables se changeans en celuy de Parlement, & de Parlement de Paris, qui est le Iuge vnique & naturel des Princes du Sang, des Ducs & Pairs, des Officiers de la Couronne, & de tous les grands du Royaume; Il n'y a plus de seureté ny pour leurs vies, ny pour leurs personnes, Ils seront les esclaues d'vn Fauory, & les victimes d'vn Parlement ambulatoire qui ne sera à luy que pour les perdre, & les destruire quand il luy seront contraires, ou qu'ils luy donneront quelque ombrage & quelque mescontentement.

C'est pourquoy il faut que le Roy mieux conseillé, les Princes du Sang plus aduisez, les Ducs & Pairs plus vigoureux, le Parlement de Paris & tous les autres qui ne font qu'vn Corps auec luy plus seueres & plus ialoux de leur splendeur & du salut des peuples qu'ils protegent, fassent vn dernier effort pour d'vn commun consentement, effacer & supprimer, non seulement le nom de cette Synagogue criminelle, mais encore tout ce qui s'y est fait & ordonné sous le nom abominable de Parlement de Pontoise; Et que tous ces grands Princes, & vertueux Magistrats, renoncent pluſtoſt à leurs charges, & à leurs propres vies, que de souffrir iamais qu'aucun acte, ny aucune Ordonnance qu'elle elle soit de cette Cohuë detestable, subſiſte ny ait aucun effet, s'ils ne veulent signer leur propre ruine, & consentir qu'il y ait vn Parlement ambulatoire à la suite d'vn Tyran & d'vn Fauory, lequel sera superieur & reformateur de tous les autres reguliers & sedentaires qui sont dedans la France ; Parce que si on reconnoist vn seul acte, ou vn seul Arrest de ce receptacle de pariures, c'est aduoüer & confesser qu'ils ont pû en donner; Et s'ils ont pû en donner vn auec effet, l'exemple & la possession est pour eux, & pour celuy qui les employe, qui est aſſez pour vn premier coup, & pour ietter les fondemens d'vne entreprise de cette consequence; Puis qu'vne autrefois on en donnera deux, & puis trois & quatre, & bien-toſt apres on fera vn nouueau Parlement suiuant la Cour, qui sera Maistre de tous les autres, & qui verifiera tout ce qu'on luy portera, & sacrifiera tous ceux qu'on luy liurera, pourueu que le Fauory qui le maintiendra & qui l'employera le paye bien en pensions, ou en benefices.

O tempora, o mores! O pauure France que ton aueuglement est grand, & que tu vas insensiblement à ta ruine & à ta perte si tu souffre plus long-temps qu'on trauaille ainsi hautement, & tyranniquement à te rendre esclaue d'vn Ministre insolent, qui n'aura plus que des bourreaux pour t'affliger, quand tes

R

Iuges & ſes protecteurs ſeront ſans pouuoir & ſans authorité. Le lict de nos Rois ne ſe partage point, il eſt vierge auſſi bien que la Iuſtice qu'il repreſente, il ne peut ſortir de la Capitale, ny du Temple qui luy eſt deſdié que pour eſtre proſtitué partout ailleurs où il ſeroit transferé, c'eſt vn ſacrilege & vn adultere Politique qui ne peut cauſer que de la confuſion dans le gouuernement de la choſe publique, & parmy la tranquillité de ſes enfans; Et pourueu que la plus ſaine & la plus grande partie de ſes ſurveillans & de ſes conſeruateurs ne le quittent & ne l'abandonnent point, il n'eſt au pouuoir de qui que ce ſoit d'en transferer le ſiege, non plus que l'authorité, ny d'en interdire le pouuoir, ny les fonctions qu'en ruinant la Capitale, qu'en deſtruiſant ſon Palais, qu'en aboliſſant ſa memoire, & qu'en renonceant à la Royauté de laquelle il eſt l'appuy, la baze, & le fondement, ſans que perſonne ait jamais reuoqué en doute cette verité ancienne, qu'vn Eſtranger ignorant qui ne ſçait point nos Loix, non plus que la façon de nous gouuerner, y ayant mille fanfarons à la Cour qui feroient mieux que luy ce qu'il fait dedans le cabinet, & vne infinité de fidéles & prudens François plus capables vn million de fois que ce farceur d'Italie, de rendre la gloire à cét Eſtat, de le conſeruer contre ſes ennemis, & de le maintenir en l'opulence & la ſplendeur où il ſeroit, ſi ſes propres enfans le gouuernoient; Ne ſçachant aucun Eſtat dans le monde, ny aucune famille vn peu conſiderable, qui ait vn Eſtranger inconnu pour guide & pour conducteur Souuerain.

Puis donc qu'il n'eſt pas nouueau qu'vn Roy ſe racommode auec ſes ſuiets, & qu'il eſt plus obligé de les deffendre & de les proteger qu'vn Tyran deſcouuert qui les oppreſſe & qui les tourmente; Que peut-on moins auiourd'huy dans le penchant de la Royauté, & dans vne conionćture qui n'a point d'exemple, que d'obliger ce proſcrit à garder ſon ban ſans eſpoir de retour, de ramener le Roy dedans ſa Capitale, de reünir les Princes du Sang Royal, de les admettre dans les Conſeils au lieu de tant d'Eſtrangers ſuſpects qui les occupent, de donner la paix au Royaume puis que nos propres ennemis la demandent, de restablir les Loix fondamentales de l'Estat que l'on tasche de renuerser depuis tant de temps, de permettre qu'on rende la Iustice aux bons & aux meschans, & de reparer l'iniure faite au lict de Iustice de nos Rois, en cassant & supprimant tout ce qui s'est fait à Pontoise sous le nom de Parlement, & reuoquant tous les Edicts & toutes les Declarations qui y ont esté expediées pour ce suiet, auec les actes & tout ce qui s'en est ensuiuy, comme contraires aux Loix fondamentales de l'Estat, iniurieuses à l'authorité du Roy, & faites par surprise & par attentat.

Si par l'article 1. & 2. du traitté du mois de Mars sus-allegué, & verifié en Parlement le 1. Avril ensuiuant, il est porté en termes exprès, que *Demeureront en leurs entiers les Arrests qui ont esté rendus tant en matiere ciuile que criminelle, entre les particuliers presens, ou auec nostre Procureur general, pour affaires particulieres, &c. Demeureront aussi nuls, & comme non aduenus tous les Arrests donnez en nostre Conseil, & les Declarations publiées en iceluy, & les Lettres de Cachet expediées sur le suiet des presens mouuemens, depuis le 6. Ianuier dernier, iusques au iour de la presente Declaration.*

Que doit-on faire en ce rencontre dont la pensée fait horreur, pour ce qui est des Arrests, des verifications, & des interdictions que treize ou quatorze Conseillers fugitifs & suspects, sans pouuoir, sans adueu, & sans authorité, ont osé prononcer contre deux cens Senateurs qui blâsment leur conduite, & qui n'ont autre pensée que de rendre la Iustice, & de contenir les suiets de sa Majesté dans le deuoir & dans l'obeïssance. S'ils eussent quitté Paris & le Palais comme ces faux freres pensionnaires du Mazarin, en quel estat seroit cette Capitale aujourd'huy? qui en seroit le Maistre? qui en seroit le Roy? Si Henry IV. a dit mille & mille fois qu'il deuoit sa Couronne à ces sages Magistrats; Louis XIV. son petit fils doit publier le reste de ses iours, que sans eux il n'y auroit plus de Paris, ny peut-estre de France pour luy.

C'est pourquoy en leur donnant le nom de Peres du peuple, & de Conseruateurs de la Patrie, il faut authoriser & ratifier tout ce qu'ils ont si sagement & si prudemment fait & ordonné, & casser, annuller & reuoquer ce que le Conseil & les Conseillers residans à Pontoise ont entrepris contre eux & contre l'authorité du Roy, suiuant & executant le traitté du mois de Mars 1649. & celuy du Roy deffunt de l'an 1615. puisque l'experience nous fait voir de temps en temps, & en cent sortes de rencontres, que toutes les fois que les Ministres d'Estat & le Parlement agissent ainsi les vns contre les autres, le dementi en demeure tousiours à ces Officiers de Cour & de faueur, & l'honneur & la gloire à ce Senat aussi incorruptible qu'inesbranlable, parce qu'il ne fait rien que par Iustice, & n'entreprend quoy que ce soit qui ne tende à la grandeur de l'Estat, au seruice du Roy, & au soulagement du peuple, où le Conseil n'a pour but que ses interests, l'oppression des suiets, & les moyens de plaire au fauory qui les esleue ou qui les abaisse comme il veut. Outre que le Parlement estant vne Iustice reglée qui ne passe iamais ses bornes, ny son pouuoir, & seruant de digue & de rempart contre la violence & le desbordement des Ministres, il est bien iuste & bien raisonnable que ses Oracles & ses Arrests donnez en connoissance de cause, soient plus suiuis & plus considerez, que des coups de colere & de bourades que l'on change & que l'on reuoque aussi souuent que l'employ & la commission de ceux qui les font pour s'enrichir & bastir leur fortune, & ce conformement aux Traittez & Reglemens cy-dessus rapportez, & à l'ancien Iugement du Roy Theodahadus, qui escriuant au Senat de Rome sur vn different de cette nature, confesse que, *Non decet Senatum corrigi, qui debet alios paterna exhortatione moderari, nam ex quibus habebunt gentium mores, si parentes publicos minores contigerit inueniri. Cassiod. Variar. lib. 10. Epist. 13.*

Les suites d'vne trop longue Regence, & l'aage trop ieune de nostre Roy, ne contribuent pas peu aux mal heurs & aux desreglemens que nous souffrons, pour le trop de facilité de la premiere, & le trop de complaisance du second pour vn Ministre ignorant & meschant. Monsieur le President de Thou parlant dans son Histoire de la perte que François I. fit
du

du Duché de Milan, & en accusant Catherine de Medicis sa Mere, laquelle par sa malice ordinaire auoit diuerty l'argent que l'on enuoyoit à l'armée d'Italie pour y subsister, qui faute de cela vint à perir de necessité, dit en peu de paroles, mais tres-considerables & tres-remarquables ; *Adeo feminarum, vt successionem lege Regni nesciat Gallia, sic Imperium & administrationem semper fatalem experta est.*

L'Autheur de la Vie de cette bonne Reine, se plaignant d'vn mal qui nous cuit si fort auiourd'huy, dit & moy auec luy, qu'il pourroit monstrer & iustifier par nostre Loy Salique, que les femmes ont aussi peu de droit de gouuerner ce Royaume, que d'en pretendre la succession ; Que quand le contraire s'est fait, ç'a esté par vn abus tout manifeste, dont nous auons tousiours porté la peine ; L'importance du danger public n'estant point en ce qu'vne femme est appellée Reine, ou porte vne Couronne, Mais en ce que le plus souuent elle gouuerne tout à l'appetit des passions immoderées qui la peuuent emporter, & du premier qui a la subtilité de se mettre en ses bonnes graces, comme nos Historiens les plus approuuez tesmoignent. C'est pourquoy cette mesme Reine de Medocis desirant se mesler du gouuernement de l'Estat du temps mesme que le Roy viuoit, & ayant gagné le Connestable pour le faire trouuer bon à Henry II. son Mary, qui se voyant importuné de cela, luy dit ces mesmes termes; *Vous ne connoissez pas bien le naturel de ma femme, c'est la plus grande brouillonne du monde, elle gastera tout si on luy donne entrée au Gouuernement.* Le feu Roy, que Dieu absolue, n'en dit gueres moins, quand on se passionna si fort auprés de luy, pour le supplier de donner la Regence à la Reine Mere d'auiourd'huy.

Bodin raconte en son Theatre de la Nature, que Louys XII. faisant mettre dans vne Gallerie du Chasteau de Blois la teste d'vne Biche qui auoit des ramures comme vn Cerf, dit en raillant, que la nature au commencement du monde auoit donné à toutes les autres comme à celle-là le mesme bois qu'aux Cerfs, mais qu'ayant veu depuis qu'elles en abusoient, elle le leur auoit osté & retranché.

g

Il est vray que le Roy est Majeur, & que la Reine n'est plus Regente; mais il est trop vray aussi qu'elle a trop de pouuoir dans les Conseils, & trop d'authorité dans le Gouuernement d'vn Estat où elle n'a plus de part, & qui ne se conduit point en quenouille; on n'a changé que le Bouchon, puisque nous beuuons tousiours du mesme vin que pendant sa Regence.

Fredegonde, Brunehaut, Plectrude & Iudith allumerent & entretindrent toutes leurs vies des guerres Ciuiles en ce Royaume, & mirent en ialousie le pere auec le fils, le frere auec le frere, pour se maintenir & entretenir leur ambition de commander dans ces discordes. La Reine Blanche ayant enuahy la tutelle du Roy saint Louis aagé d'onze à douze ans, pour empescher que les Estats ne luy ostassent le gouuernement, mit en guerre les Catholiques contre les Albigeois declarez heretiques par sentence du Pape, apres quoy l'on fut tout surpris d'apprendre que tous les grands du Royaume estoient de cette Secte ou s'entendoient auec eux, ainsi qu'elle leur vouloit faire croire; & de fait sous ce pretexte specieux & plain de religion elle se deffit d'eux adroitement; & comme le Roy son fils vint à estre grand, apres l'auoir tenu bas, & esleué auec beaucoup de crainte & de rigueur, elle l'enuoya contre les infideles dans la terre Saincte, pour par ce moyen demeurer tousiours seule dans le Gouuernement.

Si les Estats de ce Royaume n'eussent remedié de bonne heure à l'audace effrenée d'Isabeau de Bauiere femme de Charles VI. & ne l'eussent enuoyée promener à Tours, elle n'eut pas degeneré du naturel des autres, comme elle monstra en son commencement, à ce qu'assure Monstrelet. Madame de Beaujeu ayant eu charge par les Estats de Tours d'auoir soin de la personne du Roy Charles VIII. son frere, voulut estre Maistresse du Gouuernement aussi, & pour en venir plus facilement à bout, elle tira le Roy de Paris, & l'esloigna des Princes du Sang, & de ses bons & fideles Conseillers & Magistrats; ce qui ne fit pas peu de bruit, comme nostre Histoire raconte bien au long.

Ie ne sçache aucune Loy qui oblige vn fils de demeurer tousiours auec sa mere, apres qu'il est maieur & maistre de son bien; au contraire plusieurs Constitutions du Royaume supposent en ce cas leur separation & y pouruoyent, puisque les Contracts de mariage des Reines leur assignent expressément vne demeure à cette fin. L'Escriture Saincte ne dit point aussi, que les Meres des Rois doiuent gouuerner leurs Enfans & leurs Estats, quand elles en sont deuenuës les suiettes, & qu'elles n'ont plus de part ny de droit à la Couronne, pour estre au rang des personnes priuées. Salomon qu'on nous propose pour le plus sage des Rois ne se laissa pas gouuerner par sa mere Bethsabée, au contraire dés qu'il fut assis sur le Throsne, elle luy fit vne demande auec beaucoup d'affection pour son frere Adonias, qu'il luy refusa absolument & la reprit de la luy auoir faite, comme estant preiudiciable à sa personne, & au bien de son Estat. Alexandre le plus grand Monarque & le plus aimant sa mere qui fut iamais, allant pour conquerir la Perse ne laissa pas le gouuernement de son Estat à cette Reine, mais à Antipater son fidel seruiteur, quelque antipatie qu'il sceut estre entre luy & elle.

Louis XI. le plus Politique & le plus circumspect de nos Rois, ordonne à son fils par son Testament, de ne se pas seruir de sa mere en ses affaires, parce, dit-il, qu'elle estoit Estrangere. Et de fraische memoire le Duc de Lorraine, grand pere du Duc Charles d'auiourd'huy, fut tant trauaillé par sa mere, fille du Roy de Dannemark, qu'il fut contraint de se separer d'elle, & de l'enuoyer en Italie où elle mourut vers le commencement de la Ligue.

Belleforest raconte, outre ce que nous venons de rapporter, que Charles VII. pour lors encore Dauphin, ayant fait conduire Isabeau de Bauiere sa mere à Blois, & de Blois à Tours, pour empescher les cabales qu'elle permettoit de faire aux mescontens sous son nom, la fit despoüiller par le Connestable d'Armagnac, de tous ses joyaux, & de tout son argent, iusques à celuy mesme qu'elle auoit mis en depost dans les Eglises, & ce auec tant de rigueur & de captiuité, qu'elle ne pouuoit faire vn pas ny dire vn mot, que par le congé & le consentement de trois hommes qu'il luy donna pour la gouuerner.

Si Dieu ordonne de quitter son pere & sa mere, pour suiure & secourir sa femme, le Roy ayant espousé sa Couronne, ayant son Domaine pour dot, & ses sujets pour enfans qu'il ne peut des-heriter, il est incomparablement plus obligé d'abandonner sa mere qui ne leur est plus que marastre, & particulierement lors qu'elle met la famille en diuision, ou plustost tout l'Estat qui est l'assemblage de toutes les familles qui n'en font qu'vne au regard du Roy qui est le Pere commun de toutes. Saint Augustin dit vne belle parole dans ses Confessions, liure 9. chap. 7. rendant raison pourquoy saint Ambroise trouua par reuelation les corps de saint Geruais & saint Protais; *Ad coercendam*, dit-il, *rabiem femineam, sed Regiam*; pour arrester la fureur d'vne femme, mais d'vne femme qui estoit Imperatrice, & mere de l'Empereur; parce que c'est vne haine, & vne rage sans borne que celle d'vne Reine qui se croit offensée, & qui se veut vanger. Dieu vueille donner vn bon Conseil à nostre jeune Monarque, & luy inspirer les aduis & les vertus necessaires pour bien gouuerner son peuple, pour restablir la Iustice, & rendre bien-tost le repos & la tranquillité qu'il doit à ses sujets oppressez, & à sa Capitale qui est le lieu de son Throsne, l'appuy de son authorité, & le soustient de tout son Royaume.

Quærite pacem Ciuitatis ad quam transmigrare vos feci; Et orate pro ea Dominum, quia in pace illius erit pax vobis; nec vos seducant Prophetæ vestri qui sunt in medio vestrum. Ierem. cap. 29. vers. 7. 8.

FIN

www.ingramcontent.com/pod-product-compliance
Lightning Source LLC
LaVergne TN
LVHW020326100426
835512LV00042B/1770